获客

快消品小店业务员销售宝典

孙飚 著

台海出版社

图书在版编目（CIP）数据

获客：快消品小店业务员销售宝典 / 孙飚著 . --
北京：台海出版社，2020.10
　　ISBN 978-7-5168-2808-3

　　Ⅰ . ①获… Ⅱ . ①孙… Ⅲ . ①销售－方法 Ⅳ .
① F713.3

中国版本图书馆 CIP 数据核字（2020）第 216807 号

获客：快消品小店业务员销售宝典

著　者：孙　飚

出 版 人：蔡　旭
封面设计：中尚图
责任编辑：姚红梅

出版发行：台海出版社
地　　址：北京市东城区景山东街 20 号　邮政编码：100009
电　　话：010-64041652（发行，邮购）
传　　真：010-84045799（总编室）
网　　址：www.taimeng.org.cn/thcbs/default.htm
E－m a i l：thcbs@126.com

经　　销：全国各地新华书店
印　　刷：河北盛世彩捷印刷有限公司
本书如有破损、缺页、装订错误，请与本社联系调换

开　　本：710 毫米 × 1000 毫米　　1/16
字　　数：235 千字　　　　　　　印　　张：16.5
版　　次：2020 年 10 月第 1 版　　印　　次：2020 年 10 月第 1 次印刷
书　　号：ISBN 978-7-5168-2808-3
定　　价：59.00 元

谨以此书献给那些在自己梦想道路上奋斗前进的营销人！

拿到孙飚老师的这本书，看到小店业务员、陈列、经销商、渠道这些熟悉的词汇，一下子唤醒了我的情感记忆。我出身快消行业，在这行里担任过营销高管，也曾白手起家创业经营。在这行里流过汗水，经历了艰难，也收获了最大的快乐与成就感。

2007年，我转型进入管理教育研究领域，从另外一个视角研究快消品行业。2017年开始，我接受益海嘉里集团邀请，策划了"卓越经销之道"经销商业绩提升项目，并以此为实践基础，提出了渠道赋能理论，持续指导益海嘉里集团营销渠道体系的变革。

以此为机缘，我认识了孙飚老师。

毫无疑问，快消品行业的营销渠道正经历着巨大的变革。数字化、网络化、新零售冲击着传统的渠道模式。在物流社会化、订单系统数字化、消费者购物习惯线上化、供应链金融化的今天，经销商还会存活吗？小店未来的新零售发展方向是什么？营销渠道的未来演进模式是什么？这些是困扰快消品厂家、经销商、零售小店的核心问题。

在我看来，快消品营销渠道的变革有以下几个趋势。

一是扁平化。过去，从厂家到一级批发商、二级批发商、小店、消费者，链条长、碎片化、效率低。数字化、网络化带来的必然趋势是去中介化，渠道更加扁平紧凑，传统二级批发商被淘汰是必然，经销商也面临电商的冲击，必须转型。

二是一体化。传统渠道各个环节是断裂的，厂家、经销商、小店、消费者之间组织上是独立的，信息交互、协作是浅层次的，因而也是低效的。我认为，经销商与厂家之间应当打破组织边界，形成更加紧密的分工合作，在此基础上赋能小店，链接消费者。

三是赋能化。整个供应链的协同，从厂家到终端的推动模式，转型为以消费者为中心，从前台向后台的拉动模式。于是，厂家决策中心前移，与经销商组成无数区域联合生意体，基于区域市场进行决策与行动，向后呼唤炮火支援，获得厂家平台资源支持。

在这三个营销渠道变革趋势下，如何扎根做好小店服务工作，提升经销商小店业务员的素质与能力，就成为非常重要的问题。这个问题不仅经销商需要重视，在联合生意体打造的背景下，厂家同样应当重视。

孙飚老师的这本书视角独到，他站在小店业务员的角度研究，但却体现出快消品行业营销渠道战略的最新潮流与趋势。

在营销决策中心前移的背景下，厂家区域经理必须转型。从简单的销售执行，变为区域市场企划者、经销商生意顾问，以及小店业务团队的"政委"。经销商同样要转型，从简单的物流、资金服务，转型为以商流为主，成为厂家前线的营销伙伴。因此，这本书应当成为厂家区域经理及经销商培训指导业务团队的指南与教材。

事实上，所有战略执行都需要在战术层面的细节体现出来。

这本书来自作者多年的扎根实践，因此在细节方面做得格外扎实。既有小店业务员车销及预售两种业务模式的所有操作细节，也有业务难点痛点的实战解决技巧。

例如，在小店业务员的分工方面，如果仅仅按照区域划分，ABCL①店一起管理，并按照提成制考核小店业务员绩效，就会出现小店业务员仅仅重视大店，而忽视小店的问题。这就会大大影响铺市率与网点活跃度。而这两个指标，将直接决定产品销量及竞争形势。如果厂家销售经理与经销商不懂得这个道理，就会出现终端失控局面。

这本书还是小店业务员自我修炼的宝典。作为快消品行业最前线的一批营销人，他们却缺乏最基本的关注与帮助。作者将视线投射到这批默默耕耘的群体，并专设一章，讲述小店业务员的个人成长地图。站在小店业务员的立场上，教给他们自立自强，立足岗位，不断学习精进，找到个人未来发展成长路径，走出属于自己的有意义的人生奋斗之路。

---

① A类店：面积800平方米以上，收银台在4个以上的门店。
B类店：面积300—800平方米，收银台在4个以下的门店。
C类店：面积100—300平方米，有无收银台均可的门店。
L类店：面积小于100平方米的门店。

这本书还是新零售发展方向下，如何赋能小店的参考书。

快消品行业产品价值低、重量大，不可能全部被电商替代。尤其是广大的农村市场，目前小店还是服务消费者的主力军。如何服务与赋能好全国600万家小店，其实是快消品行业厂家必须关注的重点问题。作者论述了新零售平台服务模式下，小店业务人员的职责变化，以及服务内容的细节。

孙飚老师的这本书立意高远，方法论接地气，具备实操性，实在是一本快消品行业前沿营销佳作。郑重推荐给所有快消品行业营销同仁共同学习。

一切过往，皆是序章。

快消品行业营销渠道的变革将不断深化与持续，快消品行业营销同仁也必须不断学习、思考与践行变革。

让我们一起共勉！

高松

华东理工大学教授、创课群落创始人

2020年6月18日

谁适合读本书

这是一本写给快消品从业人员的书籍。

中国数以亿计的销售大军中，最苦最累的销售人员就是他们。为何这样讲？

首先，行业苦。从事销售的人都知道，快消品行业是竞争最为激烈的行业，基本没有什么门槛，也不需要具有高深的技术含量，能在该领域杀出一条血路基本靠的就是营销人员的智慧与勤奋，若成绩斐然，必是他们经过数之不尽的血与泪考验一个阵地又一个阵地搏杀出来的。

其次，业态苦。小店业务人员处于销售行业链的最底层，可不像大卖场的同行那般幸运，既不用风吹日晒、东奔西走，严冬酷夏还能享受免费的空调，每天打交道的除了普通顾客就是管理人员，表面看，说是"白领"也不为过。小店业务人员则整日都要走街串巷，风里来雨里去，爬冰卧雪，还会经常受人冷眼，拿着微薄的工资，却做着简单机械的工作，发展空间极为有限。他们冲在销售大战最前线，是最艰苦的一群人，却也是最可敬的一群人。从事营销及培训工作数十年，我看到身边太多这样的"战士"化作炮灰，令人不胜唏嘘。作为过来人，我十分不忍在经过辛苦的付出后，竟落下如此不好的下场。其实在这个岗位上，我亲眼见证了为数不少的"战士"杀出一条血路，成为行业的佼佼者。通过数年的亲身实践及钻研，我总结出了一套完全可以复制并推广的快消品行业工作方法及实操路径，可以负责任地说，这是完全来自优秀一线业务人员的实战经验总结，并经过反复验证、淬炼的实践真知。这本书真正的作者并不是我，而是领域内那些卓越的从业者，我只是很幸运地成为这一切的亲历者、实践者、记录者，这是我的幸运与光荣。

最后，前途微妙。自马云在云栖大会上提出"新零售"概念以来，小店业务人员迎来了最好的时代，也迎来了最坏的时代。新零售带来的是零售业业态的重新洗牌，各路资本角逐百万终端门店的同时，带来的将是死亡与辉煌。一大批小店业务人员会在未来十年内失去工作机会，但一小批优秀的人员则将迎来发展与证明自我的契机。是在新零售发展的大潮中挣扎求存，还是突围而出？在新时期背景下，小店业务人员要如何开展工作、如何在当前的生存状态下杀出一条血路？我非常幸运地亲历并见证了一些同行成功转型的全过程，并愿意也有责任把这些分享给每一个读者，这是一个营销培训者的使命与职责。

书中的每一章节、每个文字都来自一线实战，不同于其他同类书籍之处是，它为小店业务人员提供了系统工作及解决问题的技巧，而不局限于纠正工作心态、拜访客户流程等内容，还会告诉从业者所从事岗位工作的历史渊源、实践中可采取的两种作业模式，以及两种模式的特点、优劣对比等。当然，本书还包括如何提升小店业务人员工作效率的技巧与方法，并提供一整套符合培训70-20-10原则①的成长地图与培训体系。因此，本书还可看作是销售主管、区域经理、经销商老板或操盘手们的培训手册。

鉴于此，本书的受众可包括以下三类人群：

一、快消品行业从业者、新零售业态下的B2B平台地推人员（城市拍档）；

二、销售主管、经理、总监及经销商老板；

三、有志于进入营销行业的各类人员。

为什么写本书

这是一个营销前辈的责任，特别是对于一个既从事营销又从事培训的人员来说，有责任帮助行业新人或不得要领的后进者少走弯路，从无所适从的工作状态中解脱出来，重新定义自己的行业、工作模式，甚至重新定义自我。这也是我撰写这本书的初衷。

此外，我看到太多营销书籍针对的读者都是销售行业的高层或顶层人士，可纵观国内几千万的营销人，快消品行业的小店业务人员占据绝大多

---

① 一种有效的成人学习成果转化路径，即通过10%的集中培训、20%向别人学习（被带教）、70%个人实践，三种方式相结合达到100%转化吸收的效果。

数，真正支撑中国营销一片天的正是这些劳苦奔波的一线人员，但针对他们所写的书籍却鲜见，即便有，也只是聚焦于解决其工作态度、梳理工作流程或改进工作技巧等方面。至今，我尚未发现一本基于小店业务本身，帮助业务人员获得成长、提升未来发展空间的专业指导书籍。

这一切促使我创作了这样一本专业指导手册。本书就是想为这些英勇的"销售战士"立传，望能或多或少地帮助他们，愿他们能够正确认识快消品行业以及自身的职业定位与职责，少些浮躁和盲目，多点思考和务实，脚踏实地，以正确的方法做正确的事。

从这本书中能得到什么

本书的目的不仅仅是帮助从业人员提高工作技巧，亦是引导他们以商业的逻辑与思维来开展工作，梳理商业与工作内容的关系，让他们知其然，更知其所以然。同时，本书还会介绍快消品行业及渠道业态发展的历程与趋势，让从业人员充分了解自己的工作内容和发展前景，从而坚定工作信念，看清前路。

对于读者来说，通过本书的学习，可以掌握以下几方面的内容：

一、商业的逻辑

这是第一章的主要内容。作为商业链条中的一环，销售人员的一切行为都是商业行为，要想让工作卓有成效，必须站在商业的角度思考问题，并以此为基点开展工作。这也是很多老板和管理者要求并期望销售人员做到的，但前者从不会说明为何要站在商业的角度开展工作，以及如何具体实施，所以本书便以此为开端，通过梳理商业的逻辑，帮助销售人员理清生意的本质、手段以及自身在商业链条中所处的位置，从而明晰工作方向与工作任务。

二、小店业务人员的两种作业模式

本书第二章将会阐述近几十年来预售与车销作业模式在中国的发展历程以及未来的趋势，并对这两种作业模式的特性及优劣进行对比，让业务人员明白自己所从事工作的前世今生与未来。

三、两种作业模式下的工作流程、方法、技巧与工具

这亦是本书最重要的组成部分，会在第三章进行系统讲解，同时会通过具体案例与实际场景演绎的方式对小店业务人员在工作中遇到的难点、痛点问题——给出解决方案。

四、新零售时代的背景下，何为新零售？新零售对小店业务意味着什么？

第四章通过全面解析新零售的前台、中台与后台，帮助小店业务人员更加清晰地看到自己未来发展的方向与机遇。通过对新零售时代B2B平台小店业务人员与传统小店业务人员进行全方位比较，解析两者的异同点；同时全

面解析新零售时代数据平台赋能的小店业务人员的全新工作方式、方法及技巧，帮助小店业务人员与时俱进，紧紧抓住时代的机遇。

五、业务人员成长的学习路径图及带教实践方法

第五章会列出业务人员在不同阶段的学习内容，并且给出具体的学习计划、带教方法与实践方案，帮助小店业务人员完成从新手到熟手、熟手到老手、老手到能手的华丽转身。

六、业务人员在日常工作中要用到的工作表格与管理工具

人控不如技控！技控就需要管理的工具。第六章会为小店业务人员及管理者提供管理小店业务的完整作业与管理工具表格。

综上，本书最大的特点就是系统性和实操性强。本书从落笔到完稿整整用了三年的时间，可为了准备这本书，我则整整花了十年的时间。其他的不敢说，我只能向所有读者承诺，书中每个章节、每个文字皆来自实践。十年间，我几乎走遍大半个中国，对千余名优秀的小店业务人员进行了访谈，所涉产品从饮料到方便食品，再到粮油等包罗万象，在进行了充分的分析和比较后才敢下笔，于我来说，可谓是心血之作。

在这里，我要特别感谢我的老师魏涛先生、魏秉章先生，二位在快消品行业绝对堪称营销实战大师；同时，也要格外感谢我的父母、妻子及儿子，

没有他们的帮助与支持，就不会有这本书的顺利完稿。还要感谢益海嘉里食品营销有限公司的陈波先生、赵红梅女士，是他们提供一个如此好的平台让我学习与成长！

鉴于本人能力与笔力有限，书中必定还有很多不足与疏漏之处，恳请专家及广大读者批评指正，多多海涵。

最后，送上电影《少林足球》中我非常喜欢的一句台词："如果没有梦想，那我们和咸鱼有什么区别！"

孙飚

写于从化溪头村

2020年3月23日

目 录
Contents

第三章　小店业务员的十八般武艺

第四章　走向新时代——新零售时代小店业务员的未来

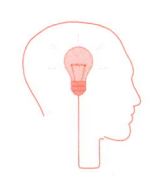

第一章

用生意人的思维开展工作

导　读

大家参加销售培训时，很多老师会问以下问题：

你为什么而工作？

你为什么要从事现在这份工作？

你喜欢这份工作吗？

从某种程度上说，这三个问题很重要。因为你的答案反映出你是否适合这份工作，以及你能在这条路上走多远。但实际上这三个问题又不重要，因为很多人答不出这三个问题。在我看来，不管你是基于什么原因开始从事小店业务员这份工作的，也不管这份工作对你意味着什么，只要你想把这份工作做好，你就必须以生意人的思维逻辑来开展工作，因为这是职业要求，只有这样才能把工作做好，只要你把这个工作做好，你就会找到从事这份工作的理由，从而知道你为什么而工作了。很多时候我们不用想那么多，只要将自己的工作做好，一切自然有了答案。

为什么用生意人的思维开展工作是做好小店业务员这份工作的前提？为什么很多公司都要求你必须树立生意人的工作意识？生意人的经营逻辑到底为何？小店业务员在销售链条中处于什么地位？做生意的关键任务是什么？

这些问题相信没有哪个老板或主管能清晰地回答你。

而在这一章中，你会学习到上面这些内容，理清生意与小店业务员之间的关系，理解自己在生意中的角色定位与工作任务。

所以在这一章节你会学习到以下内容：

为什么要用生意人的思维开展工作？

生意的经营逻辑以及与我的关系是什么？

我在生意链条中承担的主要工作任务是什么？

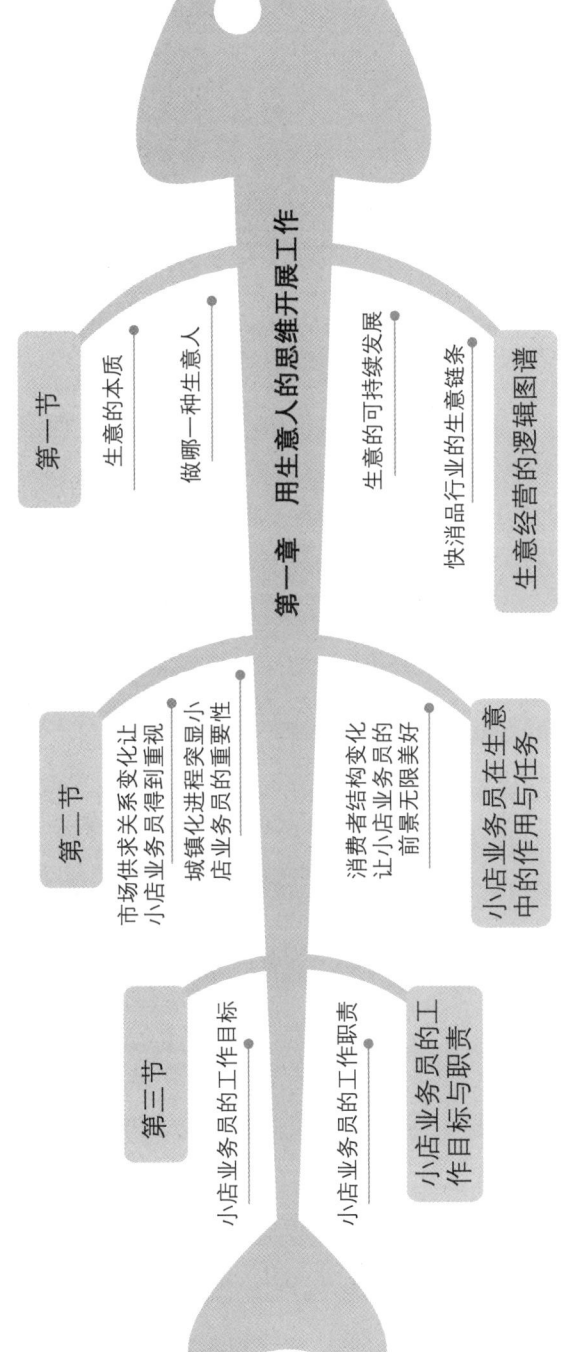

第一章 用生意人的思维开展工作

第一节
- 生意的本质
- 做哪一种生意人
- 生意的可持续发展
- 快消品行业的生意链条
- 生意经营的逻辑图谱

第二节
- 市场供求关系变化让小店业务员得到重视
- 城镇化进程突显小店业务员的重要性
- 消费者结构变化让小店业务员的前景无限美好
- 小店业务员在生意中的作用与任务

第三节
- 小店业务员的工作目标
- 小店业务员的工作职责
- 小店业务员的工作目标与职责

第一节　生意经营的逻辑图谱 ▶▶

为什么要树立生意人的工作意识？

企业内所有人的工作行为可统称为企业的经营活动，而企业的经营活动统称为生意。由此可知，我们的工作行为都是为生意服务。既然是为了生意，那么树立生意人的思维并以此为工作准绳，就是自然而然的。

什么是生意人的思维？生意的经营逻辑到底是什么？特别是快消品行业营销与生意之间的逻辑关系是什么？

经过多年的学习研究与实践，我终于梳理出快消品行业营销与生意经营之间的逻辑关系图。

一、生意的本质

我们首先要了解生意的本质。生意的本质是什么呢？在这个世界上的一切生意，毫无疑问都是为了赚钱，无论一个企业的愿景有多高大上，包装得多动听，但是生意的本质就是盈利赚钱，之所以说得这么赤裸裸，是因为这就是事实，一个企业追求利润是无可厚非的事情。

二、做哪一种生意人

这个世上有两种生意人，第一种是靠运气赚钱的生意人，可称为"机会型生意人"。他们因为机会好，恰好站到了时代发展的风口上，不需要什么技术，也不需要什么人脉，只是因为行业与职业选对了就收获了财富。在中国

经济高速发展的三十年来，这样的人在各行各业有很多，他们享受了中国改革开放的红利。他们的未来会很艰难。因为他们只着眼于眼前利益，活在美好的回忆中不愿意做出改变。第二种是凭本事赚钱的生意人，可称为"自主型生意人"。他们不仅是依靠运气，更重要的是依靠自己的本事，着眼未来，运筹帷幄，看重生意的长久可持续发展。

如果是你，你会选择成为哪一种生意人呢？

中国快消品行业随着改革开放进入深水区，供求关系发生巨大变化，各行各业供不应求的现象已经一去不复返了，现在是严重产能过剩时代，再想凭运气抱着以前的经营方式吃饭和做白日梦没有任何区别，在快消品行业还想做第一种生意人的结局只有死路一条。第二种生意人不仅依靠运气，还着眼于未来，根据市场变化快速应对及提前布局，他们的发展一定是越来越快，越来越强。通过两种人的对比，相信大家已找到答案，那就是我们要做一个着眼于企业长久发展的自主型生意人。

三、生意的可持续发展

君子爱财取之有道。我们要做着眼于企业未来可持续发展的自主型生意人，方法是什么呢？实现生意可持续发展。日本企业"经营之神"稻盛和夫在《阿米巴经营》一书中告诉我们，追求销售额最大化和经费最小化就是生意经营的原则。要想做好生意，我们必须从两个方面入手：第一是成本最小化——节流，第二是销售最大化——开源。

实现成本最小化的方法很多，但是不是本书讨论的重点，所以这里不做展开介绍。要特别说明的是，成本最小化不是追求最低成本，因为没有最低成本，只有合理成本。成本优势不是指最低成本，成本是有限度的，经营成本中有些费用必不可少，从理论上来说有一个合理的阈值，成本不能无限降低，但销售最大化却有无限放大的可能，所以本着可持续发展这一目标，在成本最小化与销售最大化之间，还是要把目光放在销售最大化上。

对于快消品行业来说，该如何实现销售的最大化？无外乎做好两个方面工作：第一拓展网点数量，即发展更多的店卖我们的商品；第二提升网点质量，即让单店销售得更多或产出更多。概括而言，就是做好分销与动销。

为了实现成本最小化、销售最大化，我们不能一味追求极致，必须围绕一个核心，这个核心是什么？这个核心就是消费者价值！无数事实证明了这一点。2016年，某方便面巨头陷入困境，其成本最小化与销售最大化都做得很好了，但是在创造消费者价值这一方面存在很多不足。在我看来，该巨头最大的问题就在于错误地采取了基于产品导向的发展战略，而非消费者导向，所以产生了发展危机。如果他们不能意识到这一点并做出改变，相信不久的将来我们将见证又一快消品巨头的猝死。

什么是消费者价值？这其实不是一个概念，而是一种战略思维，是一种准则，简单地表述就是马云所说的"以客户（消费者）为中心"。乔布斯时代苹果的伟大之处就在于永远以消费者为中心，并且不断地引领与创造消费者，乔布斯真正做到了管理学大师德鲁克所说的"企业的目的就是创造消费者"。

还有无数事实证明：影响企业持续成功的核心不是公司的战略目标，也不是发展战略与运营管理流程，而是专注、集中于为消费者创造价值的力量。聚焦于为消费者创造价值是生意实现长久发展的核心，一切都要围绕这个核心来开展才是保持生意长青的永恒之路。

四、快消品行业的生意链条

我们要为消费者创造价值，但是消费者都有谁？根据多年的实践与研究，我认为消费者就是在生意链条上的各级组织与个人，他们互为消费者，互相创造价值。仅以快消品行业简单来说，根据在生意中的重要性及关键程度，我认为快消品生意的链条会包括以下五种不可或缺的关键组织与个人：第一

是厂家（含其分公司）；第二是经销商（含二批商）；第三是业务人员（一线业务）；第四是终端；第五是消费者。这五种互为消费者，当然其中最核心的就是第五种消费者，它是一切的开始也是一切的结果，因为所有的利润本源来自消费者，所以生意的价值链就是消费者的价值链。

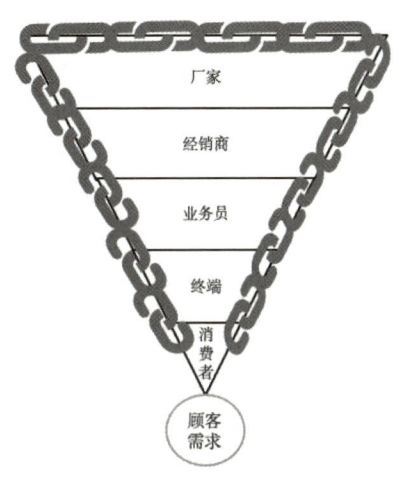

图1-1　生意链条

在很长一段时间里，快消品行业中企业拥有生杀大权，因为它控制着上游，控制着产品的生产权、商标权以及经销的发放权，一言不合就让代理商下课，在生意链条中处于绝对的领导地位。但是现在还抱着这样的心态来经营的企业越来越玩不转了，为什么这么说？因为他们的生意模式是以自我为中心的，他们的经营思考是起始于这样的假设：价值是由我创造的，我自己选择合适的产品和提供服务，并制定合理价格，消费者必然会接受。

市场处于供不应求的时代，他们因为掌握着产品的优势的确拥有着高高在上的话语权，但是当市场切换到供大于求的现在，他们以往所建立的以自我为中心的生意经营模式当然适应不了现有的生存环境，因为消费者现在的需求不仅仅是产品本身，还有基于他们在购买产品时想要的体验。

新的经营假设是：价值创造的过程是以消费者及其创造体验为中心。企业必须让内部价值链的供应与消费者需求高效地匹配起来，新的经营模式是企业必须围绕消费者进行一系列的实践改革。企业必须做出改变，如果不做出改变，等待他们的只有死路一条，甚至他们根本等不到做出改变的那一天就会分崩离析。

所以企业必须以消费者的思维模式思考，放弃以往的以自我为主的思维模式，只关注自身的技术、计划、质量、成本、效率等。关注这些并不是错误，只是这种经营的思维模式是由内向外的，而消费者则关注自身与社会的关系，这是由外向内的，即消费者会依据自身在社会生活中所必须采取的行动来选择购买。这是消费者与企业在思维模式上的巨大差异，如果我们没有关注到这个差异，企业所做的就无法真正对消费者产生影响。

经销商在生意链条中的位置比较特殊，因为要看企业的经营策略。第一种经销商在生意链条中承担着物流商的角色（比如康师傅），只收取物流费或过路费；另外一种经销商具有区域内的经销权，自行负责产品在区域内的经营（比如金龙鱼），充当的是伙伴的角色。在这里说不上哪种更好，因为只要是适合自己的就是最好的。我比较倾向于后者，企业将经销商当作生意伙伴，除了可以让经销商发挥"地头蛇"的优势外还可以降低运营成本。

随着中国城镇化建设加快、互联网发展日趋成熟，"小而美"的属地化经销商的发展将会越来越好，而原来的"大而全"式的非属地化经销商成本会越来越高，如果不改变经营模式，他们要么被市场淘汰，要么被企业淘汰。"大"经销商要做的是化大为优，化慢为快，因为现在不仅是大鱼吃小鱼的时代，更是快鱼吃慢鱼的时代。

表1-1　两种经销商特点对比

经销商类型	特点	优势	劣势
大而全（大鱼）	地盘大，部分属地化，管理与层次复杂，承接产品多而杂	规模大，地盘大，资本足	成本高，反应慢
小而美（快鱼）	地盘小，属地化，管理简单层级扁平，承接产品专而精	周转快，成本低，服务好，反应快	地盘小，规模小，资本少

之所以将一线业务员单独列在生意链条当中，是因为其在生意链条中具有至关重要的作用。很多管理者关心企业的财务状况，关心竞争对手的技术调整，但是不愿意花较多时间来思考如何为业务员提供成长的平台、如何保证优秀业务员在一线最靠近消费者的地方。如果不能激发员工的创造力，公司最有效的创造性资产就被浪费掉了。

接触消费者最多、创造价值最直接的正是一线业务人员，企业只有把他们的创造力和消费者连接在一起才会具有明显的竞争优势。他们同时还有承上启下的作用，他们是企业、经销商连接终端与消费者的桥梁，是企业战略的执行单元，是终端和消费者需求的服务单元，是营销最后一公里的邮差，是亲历一线听到炮火、感受炮火的战士。

对企业和经销商来说，一线业务员是最接近消费者的人，是最能直接感受终端及消费者需求变化的人。快消品企业必须明白，只有优秀的人在一线，企业才具备竞争优势，因此必须找到一条通过业务员打通终端与消费者的道路。格力集团董明珠成功的原因之一就是打造了一套以一线业务员为核心的经营管理体系，通过业务员抓住了终端与消费者。如何通过业务人员让企业的产品受到终端及消费者的认同，如何建立一线业务员的管理体系，实现"让终端订单由业务员决定"这一终极目标，是本书后面章节的主要内容。

终端在生意链条上处于支配地位，快消品行业终端类型按照尼尔森的分法分为大卖场、大型超市、小型超市、便利店、食杂店及其他门店。

表1-2 快消品行业终端门店类型

通路	门店类型	终端各门店类型定义
现代通路	大卖场	自选服务形式，并提供购物车和购物篮 营业面积一般有6000平方米或以上 至少有20个或以上的结算出口 有冷冻产品 产品价格标在产品或货架上 产品陈列在过道 一般是连锁集团 售卖非快速消费品

通路	门店类型	终端各门店类型定义
现代通路	大型超市	自选服务形式，并提供购物车和购物篮 营业面积至少1200平方米 出口有收银机 有冷冻产品 产品价格标在产品或货架上 产品陈列在过道
现代通路	小型超市	自选服务形式，并提供购物车和购物篮 营业面积800平方米以下 出口有收银机 有冷冻产品 产品价格标在产品或货架上 产品陈列在过道或货架上
	便利店	自选服务形式，可能提供购物篮 营业面积不超过500平方米 出口有收银机 有冷冻产品 产品价格标在产品或货架上 产品陈列在过道或货架上 是连锁集团的成员店 营业时间为16小时或以上
传统通路	食杂店	包括自选服务形式和非自选服务形式 售卖至少一种食品类商品 售卖饮料或雪糕 可能售卖日用品或个人护理用品
其他通路	日用品商店	不提供购物篮或购物车 至少售卖以下产品任何一种：个人护理品、日用品、饮料，但不售卖其他任何食品 可能售卖日用商品，例如清洁设备或烹饪工具
	饮料＆冰激凌专卖店	主要售卖饮料或饮料和雪糕 有固定营业场所，不是在路边
	化妆品店	主要售卖个人护理用品，例如头发护理和皮肤护理用品 销售多种品牌的产品

很多企业都采用这种分类方法，但我的建议是按照服务模式分类，即分为服务平台门店、流通平台门店、电商平台门店。服务平台门店指要通过服务来进行分销的门店，主要包括现代渠道门店、AB类店、CL类店；流通平台

门店指只提供产品，不提供标准化服务的门店，主要包括省级二批商、地级市二批商、县级二批商、乡镇批零；电商平台门店主要指线上的服务终端门店，按照销售模式分为B2B电商客户、B2C电商客户、社区合伙人。建议这样分类的原因包括以下几点：①基于快消品行业分类惯例；②不同门店的诉求是不一样的，比如AB类店及现代渠道门店，除了希望产品可以热销，还希望吸引客流，拉升人气，CL类门店希望产品好卖、赚钱、安全；③不同类型门店的营销策略、作业模式、人员匹配、服务标准不同，为了更好地服务终端，必须让专业的人做专业的事，针对门店类型匹配业务人员、组织架构、作业模式、营销策略。

从另一个角度来说，终端就是战场，是阵地，谁能够赢得这里，谁就是最后的胜利者。赢得这场胜利的标准不是业务员占了多少地盘、杀死了多少竞品，而是业务员能否让终端成为自己的堡垒，也就是能否赢得终端的信任，具体的指标就是让终端的订单由业务员决定。当业务员真正做到了让终端的订单由自己决定时，毋庸置疑，其已成为一名卓越的业务人员。

表1-3　服务平台门店类型

门店类型	终端客户各类型定义	服务人员
现代渠道门店	NKA/RKA/CKA①	商超业务
A类店	面积800平方米以上，收银台在4个以上的门店	商超业务
B类店	面积300~800平方米，收银台在4个以下的门店	商超业务
C类店	面积100~300平方米，有无收银台均可	小店业务
L类店	面积小于100平方米的门店	小店业务
专卖店	根据公司管理需求，以专门经营某一企业商品的零售业态	小店业务

表1-4　流通平台门店类型

门店类型	终端客户各类型定义	服务人员
省级二批	省会城市一级的大型批发市场内的二批客户	老板/专人
地级市级二批	地级城市一级的大型批发市场内的二批客户	老板/专人
县级二批	县级城市批发市场内的二批客户	小店业务
乡镇批零	乡镇内批发零售门店	小店业务
其他客户	无法归属到以上类的客户，都归为其他客户，占比建议不超过整体终端客户的5%	小店业务

---

① NKA：全国性重点零售客户，跨省拥有多个门店，影响力较大的大型连锁零售机构。比如，家乐福、沃尔玛、麦德龙、卜蜂莲花（易初莲花）、华润万家、屈臣氏等。
RKA：区域零售重点客户，在一定地区或者领域内有较大影响力的重要客户。
CKA：地方零售重点客户，在某个城市或地域具有较大影响力的重要客户。

表1-5 电商平台门店

门店类型	终端客户各类型定义	服务人员
B2B电商客户	通过B2B电商平台交易的门店客户，阿里零售通、京东掌柜宝等	电商专人
B2C电商客户	通过B2C电商平台交易的门店客户，京东、淘宝、苏宁等	电商专人
社区合伙人	通过社区团购交易的社区合伙人客户	小店业务

用什么来赢得终端？服务！业务员要把终端变为自己的合作伙伴。那么我们要向伙伴输出什么，才证明我们是伙伴关系？无外乎向终端输出以下三个方面的内容：产品、价格、服务。

表1-6 小店业务员向终端输出的内容

输出方式	阶段	终端感受	生意结果	
			供大于求市场	供过于求市场
卖价格为主导	初始阶段	买便宜，利益关系	好	死路一条
卖产品为主导	发展阶段	买产品，利益关系	很好	九死一生
卖服务为主导	成熟阶段	买体验、买放心，伙伴关系	非常好	生机勃勃，发展壮大

哪种输出有利于生意的长久发展呢？当下，我国快消品行业进入供过于求的发展阶段，只有输出服务才能赢得终端，最有利于生意的发展。

服务是什么呢？服务是行动与承诺！服务不是停留在口头上的而是要落实到具体行动上，不仅是对消费者保持友好的态度更是忠于承诺。为终端服务有三种境界：让终端满意，让终端惊喜，让终端感动。业务员首先要有真诚为终端服务的心态，是否具有服务心态是形成有效服务的关键，因为心态决定态度，态度决定行为，行为决定成果。服务是承诺，是行动，如果不从内心认同服务，那么在行动上就会迟缓甚至不作为。

业务人员必须树立服务意识，才能实现终端服务的三种境界，这是实现"让终端订单由业务员决定"最朴素的要求，是业务人员必须遵守的"道"，道生一，一生二，二生三，三生万物，这是一切业务的起始。如果业务人员没有为终端和消费者服务的意识，即使专业素质再强也不可能实现"让终端订单由业务员决定"这个目标，永远不可能成为卓越的业务人员。

消费者是生意链条上最核心的一环，一切营销行为都必须围绕消费者进行，消费者需求是营销的起点与终点。任何企业都需要谨慎地对待消费者，且运作模式与消费需求相匹配，一些企业不断扩大营业规模，一味追求更多、更大，很多时候都是在浪费企业资源。如果企业不能够专注于消费者，就不具有真正的竞争优势，没有比消费者更重要的存在。企业、经销商都必须建立以消费者为导向的战略，消费者不只是业务人员的责任，也是所有员工的责任，从生产作业、研究开发到财务人员等都必须清楚，企业的成功源于消费者的认同。

管理者必须使企业的工作流程、作业系统、激励政策等都以目标消费者为导向，调动企业所有资源，围绕消费者需求开展市场活动。企业需要打破和消费者之间的界限，与消费者融合在一起。在很长一段时间里，消费者只是企业提供产品的被动需求目标，两者之间是猎手与猎物的关系，而业务人员就是猎人。这样的关系导致的结果就是企业不断推出新产品，业务人员不断寻找消费者，形成一个恶性的闭环。消费者与企业站在了对立的立场上，企业无法持续生存，消费者也厌倦了产品和企业。快消品行业很多企业都犯过这样的错误。

企业的终极任务是解决消费者的购买意愿问题，要做的是从产品、价格、渠道、促销上下功夫。

消费者的需求是什么？简单来说，第一是产品品质一定要好，第二是产品服务好、品牌知名度高，第三是有很好的产品体验与参与感。产品品质与产品服务这两个方面是最基本的需求，特别对快消品行业来说，这是企业的生命线与发展基石。企业可持续发展的关键是，消费者能否在享受到优质产品和服务的基础上，体会到参与感，让产品与消费者之间产生连接。近年来，很多企业因为开发了能让消费者产生参与感的产品而焕发出新的生机和活力。

产品是连接消费者和企业的载体，企业之所以能够进入市场是因为满足了消费者的某种需求。不能简单地将价格定位于产品的功能，产品功能要回归到消费者关注的价值中去（不要总是进行价格战），所以企业要确立以消费者为主体的产品设计原则，建立以品质取胜的思维模式。只有持续关注产品质量的企业才能赢得消费者信任，并取得市场领先地位，只有真正关注消费者价值的产品才能带领企业走上持续发展之路。

价格不仅仅是产品本身的价值。企业要建立针对生意链条上所有环节的价值体系及价格体系，除了要保证所有生意链条上的人都有利可图，还要考虑消费者的体验。对于经销商来说，最重要的是维护价格体系的稳定。贪婪是企业和经销商经常会犯的错误，当某款产品市场反应很好的时候，急功近利者为了提高销量大幅降价，完全不顾生意链条上其他人的死活，更不顾忌消费者的感受（他们以为消费者只喜欢低价产品）；经销商为了扩大利润提高出货价来压榨终端或二批商的价格，而终端和二批商则会因为利润降低而少卖或改卖其他产品，甚至会抵制企业的产品，造成大量的消费者流失，很多企业原本销量很好的产品就是因为这样的原因而萎缩、消亡的。还有些企业过高估算产品价值，过高估算自己的权限，不顾消费者的感受随意调高产品的价格，结果一败涂地。

这一切都告诉我们，要根据消费者需求的产品和服务来确定价值，再根据企业生产成本、生意链条上所有人员的利润，来确定产品价格体系。产品价格体系表面上是由企业设计的，但实际上是消费者决定的，任何企业都不能错误地认为自己拥有定价权，就胡乱定价。价格体系一旦确立，绝不可以随意更改，因为这是生命线，企业管理者一定要记住："价格就是生命线，动价格就是在玩命，一定要慎之又慎。"

马云曾说，渠道是长鞭，练好了敌人就近不得身。企业要想有好的销量就必须拥有一个健全、成熟、稳定的终端销售网络，否则就不可能取得真正意义上的成功。其实渠道最核心的功能就是帮助产品无处不在，让消费者方便地买到，而且买得放心。什么是渠道？简单地说，渠道是企业把产品与服

务送到消费者手中的路径，类似交通系统，企业要根据消费者的需求打造不同的服务方式，首先要针对目标消费人群修建基础设施，建公路（传统渠道）、铁路（现代渠道）、码头（特殊渠道）、飞机场（电商渠道），其次配备相应的交通工具（经销商、二批商、终端等），然后制定交通法规（制度、规范等），确保交通系统的安全与规范有序，最后为保证交通系统良好运转还要配备司乘、管理（企业与经销商非一线业务人员）与服务人员（业务员）。在此基础上，进行广告宣传、优惠促销等，最终目的是让消费者安全、舒心地达成购买。并且只要消费者想去目的地，就会想起你（持续购买），这就是渠道的作用。

我国快消品行业的现状是基础设施、交通工具、交通法规都已建好了，而且大家的差别也不大，所以最重要的一环就落在了人员身上。在渠道领域，最终拼的是人，拼的是服务到消费者末端的管理人员与一线业务人员，谁的管理与服务人员能提供受到消费者认同的服务，谁就获得最后的胜利。所以，从现在开始，打造优秀的一线业务人员，将是所有快消品企业的核心工作内容。

促销与广告的核心价值吸引消费者认同并产生购买意愿，但是很多企业的广告与促销并不是从核心价值出发，而是从自身的价值出发，真正好的企业广告与促销一定是和消费者站在一起，知道消费者需要什么，甚至了解消费者在什么环境中生活。比如金龙鱼1995年在春节前夕投放的广告"万家灯火"，呈现出浓浓的家文化，与消费者产生了强烈共鸣。金龙鱼产品就此走进消费者心中，走进了千家万户，可以说该广告让金龙鱼一跃成为中国人心目中的食用油第一品牌。促销是让消费者产生购买行为的"最后一公里"，但是太多企业以自身价值为中心开展促销活动，从设计产品的促销话术，到促销活动设计本身，再到对促销人员的管理与培训，大多都是在自说自话，根本视消费者为无物，消费者无法产生共鸣，这样的促销你随便走进一家超市都可以看到。在中国快消品行业，有一个群体是被轻视与忽视了的，那就是促销员！很多企业每年为促销投入大量资金，将更多精力放在产品设计、促销策略上，对促销员的管理却一塌糊涂。他们简单地将促销员视作促销活动的执行者，根本没有想过激发促销员的创造力，更没有想过建立一套以促销员为核心的促销体系。

无论营销策略怎么变化，其核心都是产品、渠道、价格、促销这4个基本层面，这也是对一家企业的营销能力的基本要求。不管营销如何创新，其前提都是对这4个层面的理解和运用，为了创新而创新没有任何意义。企业管理者要警惕组织内部只谈营销概念、卖点、思想，而不谈营销执行的情况。营销的核心是营销执行，即营销行动与营销实践，营销从来都不是高深的管理理论，而是实实在在的管理方法。

产品、价格、渠道、促销与生意链条上各个层级之间的关系如下表所示：

表1-7　生意链条上各层级的关系

生意链 4P	企业	经销商	二批商	业务员	终端	消费者
产品	造产品、推产品、卖产品	卖产品、推产品	卖有利润的、好卖的产品	卖产品、推产品	卖好卖的、有利润的产品	买安全放心且有价值的产品
渠道	渠道分类，全渠道精耕	渠道精耕，业务人员线路精细化管理	由坐商变行商并提供服务	按门店类型匹配人员，线路精细化管理，门店拜访作业标准化管理	终端是渠道的末端最小单位	渠道的最终目标就是让产品无处不在，方便消费者的购买
价格	价格的制定者、利益的分配者	价格执行者、利益的享受者	乱价者、利益的享受者	价格的执行者、检核者	价格的执行者、利益的享受者	价格的承受者
促销	广告、促销的策划者，资源投入者	促销策划执行者，资源投放参与者	促销政策的受益者	促销及资源投入的执行者	促销及资源的受益者	促销、广告及资源投入的体验、评判与购买者

第二节　小店业务员在生意中的作用与任务 ▶▶

现在及未来将是小店业务员的时代！小店业务员在快消品行业中的地位将会越来越重要。这主要与我国快消品行业所面临的市场环境相关，具体体现在以下三个方面。

一、市场供求关系变化让小店业务员得到重视

中国快消品行业在二十世纪八九十年代进入供不应求的时代，之后过渡到供大于求的时代，2000年后行业竞争进一步加剧，迈入了产品同质化的时代。我们都知道供求关系的变化影响着市场的变化，而市场的变化决定了企业的战略规划。

表1-8　我国快消品行业发展历程

年代	4P / 供求关系	产品	渠道	价格	促销
80—90	供不应求	产品为王，品牌打造	渠道建设，步步精耕	从高利润向理性价值过渡，快速提升服务价值	由点向面布局推广
00—10	供大于求	产品多样化、差异化，多品牌建设	渠道为王	坚守产品价值，持续提升服务价值	由面向点布局拉动
10—至今	供大于求，产品同质化	产品差异化、个性化，产品价值链	终端精耕，服务为王	价值链条，服务价值创新	面点结合，精准、聚焦、微传播

在供不应求的时代，产品为王，企业战略以产品为主导，有远见的企业管理者布局渠道建设，产品价格由高利润向理性价值回归，并且注重服务价值体系的打造，促销手段开始由点向面进行布局与推广。

在供大于求的时代，那些有远见的企业开始突飞猛进，企业策略转变为渠道为王，企业战略以渠道建设为主导，进行产品的多样化、差异化、多品牌壁垒式建设，坚守产品价值，推广企业价值，并持续提升服务价值，而促销开始由面向点进行拉动式推广。

在上述两个时代抓住机会、做出布局的企业迅速成长为行业巨头，最明显的例子是娃哈哈、旺旺、康师傅、金龙鱼（益海嘉里）。

在产品同质化的时代，企业需要整合4P的服务战略，即服务为王——以服务消费者价值为核心的发展战略。而以服务消费者价值为中心的发展战略的核心是人，一是前线业务人员，二是促销人员。对于快消品行业来说，业务人员和促销人员将会越来越重要。他们的专业能力直接决定着生意的成败，特别是服务了70％的消费者的小店业务员。关于这一点，任正非先生的一篇文章《让一线呼唤炮火》是最好的佐证。

二、城镇化进程突显小店业务员的重要性

我国城镇化水平由1949年的10.6％上升到2012年的52.6％。2015年1月20日，国家统计局发布2014年经济数据，中国内地总人口（包括31个省、自治区、直辖市和中国人民解放军现役军人，不包括香港、澳门、台湾及海外华侨人数）136782万人，比上年末增加710万人。从城乡结构看，城镇常住人口74916万人，比上年末增加1805万人，乡村常住人口61866万人，减少1095万人，城镇人口占总人口比重为54.77％。这一系列的数据背后说明什么？中国人口的迁移与集中，为快消品行业带来了机会，大量的农村人口迁移到城镇，改变了原来农村自给自足的消费模式，意味着大量的消费需求被释放，而三、四线城市消费者购买的渠道多为CL类店及批发市场，所以我们会发现从2012年开始，中国快消品行业营销渠道发生了一些有趣的变化。

2010至2012年，现代渠道为快消品企业带来平均14.7％的年增长，而在

2010年之前，这一数字更高。在这段时间，大卖场比如沃尔玛、家乐福等在全国范围内密集开店，但是从2012至2015年，现代渠道虽然还能为快消品行业带来增长，但是增长只有3%，大卖场的日子越来越不好过。我们可以回想一下，2015年沃尔玛、家乐福等关店潮的新闻频发。这一开一关之间的变化中，透露出的信息是耐人寻味的。我们再来看一下传统渠道的变化，2015年大卖场即AB类店，为快消品行业带来−2.5%的增长，中小超市、便利店即CL类店，为快消品行业带来了21%的增长。2015年以后，全国地方型大卖场关店潮此起彼伏，而中小超市、便利店等却如雨后春笋般崛起。这说明了什么？说明中国快消品行业的未来依然是传统渠道，而且是传统渠道的CL类店，也就是在城区及乡镇小店。做好小店就是做好未来，而做好小店生意当然需要小店业务员，所以小店业务员将会越来越重要。

2016年，马云在云栖大会上提出新零售概念，中国零售行业进入新零售元年。截至目前，渠道越来越碎片化，线上线下的界限越来越模糊化，线上线下融合是主流趋势。快消品企业生意的增长机会集中在社区店、生鲜店、便利店等终端，小店业务员当然变得越来越重要。

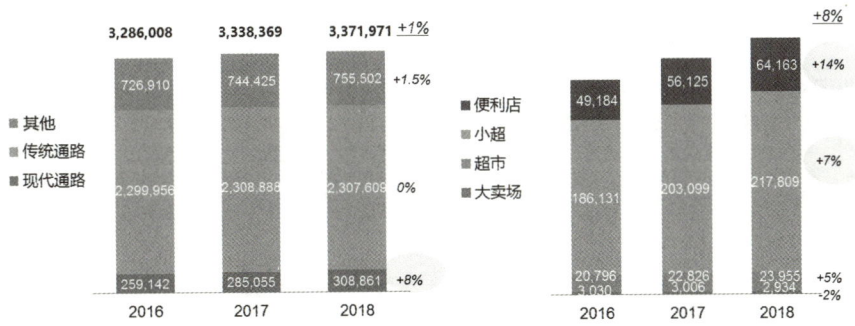

图1-2　全国零售店铺数量①　　　　图1-3　全国现代通路店铺数量②

---

① 数据来源：2018尼尔森零售店铺普查。

② 同上。

三、消费者结构变化让小店业务员的前景无限美好

中国消费主体的人群结构正在发生深刻变化，随着时间的推移、社会的进步与变迁，已由50后、60后、70后变更为崇尚个性的80后、90后、00后。最明显的变化就是消费思维由理性变为感性，由买便宜、实惠、品质、口碑变为买开心、方便与感受。80后、90后、00后消费者更看重自我的感受与参与感，同时又要买得方便，他们对价格并不敏感，甚至只要自己喜欢，不管好不好都会购买，他们推崇的是个性。

正因如此，产品越来越强调个性，企业推出的新产品很难被所有人接受，但是推出适用于某一类人群的产品变得相对容易。这导致营销逐渐碎片化，消费者因为便利性的原因，购买行为更多发生在网上及社区店、便利店，支付宝和微信争抢的是入口线上付费，马云的农村淘宝布局与刘强东争抢的是出口线下小店终端。在可预见的未来，社区化营销必将成为主流，社区化争夺的是终端，社区终端无疑就是小店，争夺小店终端就是争夺小店业务员，小店业务员的未来将会一片光明。

总而言之，小店业务员是中国快消品行业最重要的一环。这是小店业务员最好的时代，他们必须跟上时代潮流，从心态到作业模式、作业标准、作业行为，全方位地改变。

第三节　小店业务员的工作目标与职责 ▶▶

一、小店业务员的工作目标

用真诚的承诺，专业、贴心、持续改进的行动，不断为终端及消费者创造惊喜，最终实现"让终端订单由业务员决定"。

小店业务员的工作目标不仅是销量、增长率、铺市率、任务完成率等，而且是用真心和行动来服务终端、消费者，让终端和消费者满意，为终端和消费者创造惊喜，通过让终端和消费者感动，实现终端愿意卖、消费者愿意买。这才是小店业务员应该做的并实现的目标。但是有多少企业是这样做的呢？很少。绝大多数企业急功近利，要么将小店业务员当成赚钱机器，要么当成执行命令的棋子，自作聪明地指引业务人员在错误的道路前进。他们没有清楚地认识到，小店业务员在当今环境下的重要性。

二、小店业务员的工作职责

中国快消品行业存在两种思维模式下的小店业务员工作职责，一种是在企业思维模式下的小店业务员工作职责，主要以销量目标为导向；另一种是在生意思维模式下的小店业务员工作职责，以生意思维为导向。

1. 企业思维的小店业务员工作职责（目标导向）

表1-9　企业思维的小店业务员工作职责

工作职责	工作任务	工作描述
销售达成	完成销售目标	根据销售计划，通过门店拜访作业完成销售目标
	客户开发	执行企业市场销售策略，开展产品销售活动
	新品推广	开展新品的分销及推广活动
销售活动	销售活动执行与落地	落地执行企业或经销商的产品促销及推广活动
	收集数据信息	收集本企业及竞品相关数据信息，并及时上报上级主管
销售货款管理	回收账款管理	销售货款回收数据、销售货款回收，销售货款控制及催收办法
	售后服务	跟踪客户订单的具体落实，保证整个流程的顺利进行

2. 生意思维的小店业务员工作职责（生意导向）

表1-10　生意思维的小店业务员工作职责

工作目标	用真诚的承诺，专业贴心、并持续改善的行动，不断为终端及消费者创造惊喜与感动，最终实现让终端订由我说了算	
任职条件	学历/专业	高中以上学历，市场营销专业或相关专业本科为佳
	年纪要求	18-30岁为宜，不建议招募35岁以上的业务人员
	必备知识	专业知识：市场营销
		行业知识：产品知识、组织制度、行业法规
		计算机要求：办公软件精通，EXCLE精通会数据透视
	工作经验	三年以上、五年以下小店业务经验，有坚持运动经历或特长者优化
	能力素质要求	能力项目：动手服务能力、沟通谈判能力、分析与解决问题能力
		能力标准：围绕终端进行标准化的动手服务作业能力、站在市场发展及生意的角度与终端进行沟通与谈判的能力、独立分析并解决问题的能力
	岗位基本特质	乐观自信、诚实勤奋、快速行动、善于表达
	岗位晋升	可直接晋升岗位：区域主管
		可相互轮换岗位：不同的企业不同的岗位轮换

工作关系	内部关系	所受监督：由区域主管选拔、任命、培训、监控、考核、带教
		所施监督：对物流、订单、仓储进行监督和控制
		合作关系：与公司内部或经销商内部工作沟通、协调和互动
	外部关系	为终端门店及消费者提供包括动手在内的一切服务手段

沟通关系	

内部 → 区域经理　大区经理
内部 → 区域代表　市场部　其他部门
内部 → 经销商　（因不同企业情况而定）
外部 → 终端门店　二批零售　社区合伙人
外部 → 消费者

责任范围	汇报责任	每日向直接及间接上级汇报工作过程与结果的责任
	培育责任	促销员带教，终端门店及消费者产品及企业文化渗透宣导与教育
	成本责任	对区域内负责的终端门店生意盈利及资源投入的费销比负有最终成本责任
	保密责任	对所负责区域的公司策略及信息负责
	产品推广责任	根据市场及终端实际情况结合公司销售计划推广销售产品的责任
	客户维护责任	通过动手服务标准作业及周期性拜访与终端建立良好的客情关系并持续保持
	档案管理责任	对相关销售数据进行收集、整理、统计、分析、建档管理的责任
	奖惩责任	对冲货、乱价等行为进行奖惩的责任

权力范围	建议权	产品定价及门店策略的建议权
	财务权	对终端门店及消费者教育等资源投入的决定、审核与监察权
	考核权	对促销人员工作的考核权

终端管理	固定化线路拜访	由人根据经验及过往销售数据定期规划调整
	网点开发	单一的、单线的网点开发，靠人摸排，低维
	新品推广	在区域内通过线路拜访，推广与销售新品
	客情维护	重点客户客情维护，多以线下与客户互动为主，线下沟通为辅，客户群体比较单一

终端服务	拜访服务	门店拜访八步骤，以建议订单为目标的拜访服务（现场达成订单为目标）
	标准落地	厂家陈列标准、分销标准、促销政策等落地执行
	信息收集	竞品信息收集、统计分析

续表

资源落地	特陈落地	特陈任务落地执行（如陈列有奖、割箱陈列等）
	特陈费用执行检核	货架费用、堆头费用、其他陈列费用执行落地与跟进核实
	促销活动执行	定时定点执行促销活动

3. 目标导向与生意导向小店业务员工作职责的区别

我们来对比一下两种思维导向下小店业务员工作职责的区别。

第一种目标导向工作职责，只是把小店业务员当作一个销售工具，企业从利己角度出发，与小店业务员是雇佣关系。现阶段我国80％以上的快消品企业都选择了目标导向。目标导向在产品供不应求的时代优势是非常明显的，但是在产品供过于求及同质化如此严重的时代，还坚持目标导向的后果是：小店业务员为了完成目标而改变服务动作，比如为完成销量目标向终端不合理压货，为完成新品分销目标向终端盲目铺货，最终造成终端货卖不出去，从而影响与终端的客情关系，失去终端的信任等。目标导向工作职责带来的问题越来越多，越来越不合时宜。因为目标导向强调的是目标与外部驱动。

第二种生意导向工作职责，致力于将小店业务员打造成一个生意伙伴，企业从利他角度出发，与小店业务员是合作关系。企业通过培养与激发小店业务员的能动性、创新性来解放生产力，推动生意的可持续发展。生意导向强调的是服务与自我驱动。

由第一种向第二种转变已成为不可阻挡的趋势，只是早或晚的问题，越早转变对生意的发展越有利，早转是"移民"，晚转是"难民"，其实很简单，但也很难。说简单，是因为只要企业下定决心，改变就是一件简单的事；说难，是因为很多企业害怕和员工分享利润与成果，害怕变革后的种种问题，但是如果不变，面对问题会更多，而且会越来越多。

小店业务员一定要清晰地意识到，不管市场环境如何变化，自己的工作任务都是服务终端、应对竞争。而这一切的前提是建立小店业务员服务作业

标准体系、激励体系，提供一定资源，让小店业务员能及时根据终端需求、竞争环境变化快速做出反应。利用服务作业解决终端愿意卖的问题，利用服务作业及资源投放解决终端竞争问题，利用绩效考核或分享机制解决业务员主动性的问题。在解决终端愿意卖的战斗中，我们要解决的第一步不是消费者愿意买的问题，而是以此为目标应对竞争的问题。

● 本章重点

企业的人力、资源、行为都是因生意而存在的，每个人都必须成为生意人，生意的本质是为了盈利，而且是可持续盈利，要成为一个可持续发展的生意人。

做可持续发展的生意人，是有方法的，要学会生意经营的逻辑。

现在是小店业务员最好的时代，也是最坏的时代。

服务是小店业务员的立足之本，持续在终端开展标准化动手作业并兑现承诺，是一名小店业务员的最基本要求。

小店业务员的核心任务是通过服务解决终端愿意卖的问题，快速应对店内竞争。

要基于生意导向建立小店业务员的工作职责及分享机制。

◉ 本章思考

我是一个生意人吗？我是否按照生意的逻辑进行经营？

服务、利他是我们企业及我的价值观吗？

我能为客户持续开展服务、解决售后问题并及时兑现承诺吗？

我所负责的终端订单是由我决定的吗？

我要做出哪些改变，以适应未来？

第二章

预售与车销的前世今生

导　读

　　小店业务员除了要有生意人的思维逻辑，树立服务意识，还要清楚小店业务员的作业模式，因为小店业务员的生意及服务最终要到达终端，到达消费者，必须经由小店业务员作业达成。当前小店业务员主要有两种作业模式，即预售式、车销式，那么这两种作业模式在中国经历了哪些阶段？在快消品领域发展历程如何？至今为止发生过哪些变化？在本章，我们将会向你介绍小店业务员两种作业模式的历史演变过程、特点与区别，带你了解小店业务员两种作业模式的前世今生，探讨未来小店业务员作业模式的发展方向。

　　本章分为两个小节：

　　第一节，全面、系统地介绍小店业务员在中国经济发展大潮中每个阶段的发展历程，以及在每个发展阶段不同的市场环境变化过程中小店业务员作业模式的演变与更迭的过程。

　　第二节，详细介绍小店业务员在不同时代作业模式的演变过程，并全面阐述未来小店业务员预售与车销两种作业模式的定义、分类、区别及误区。

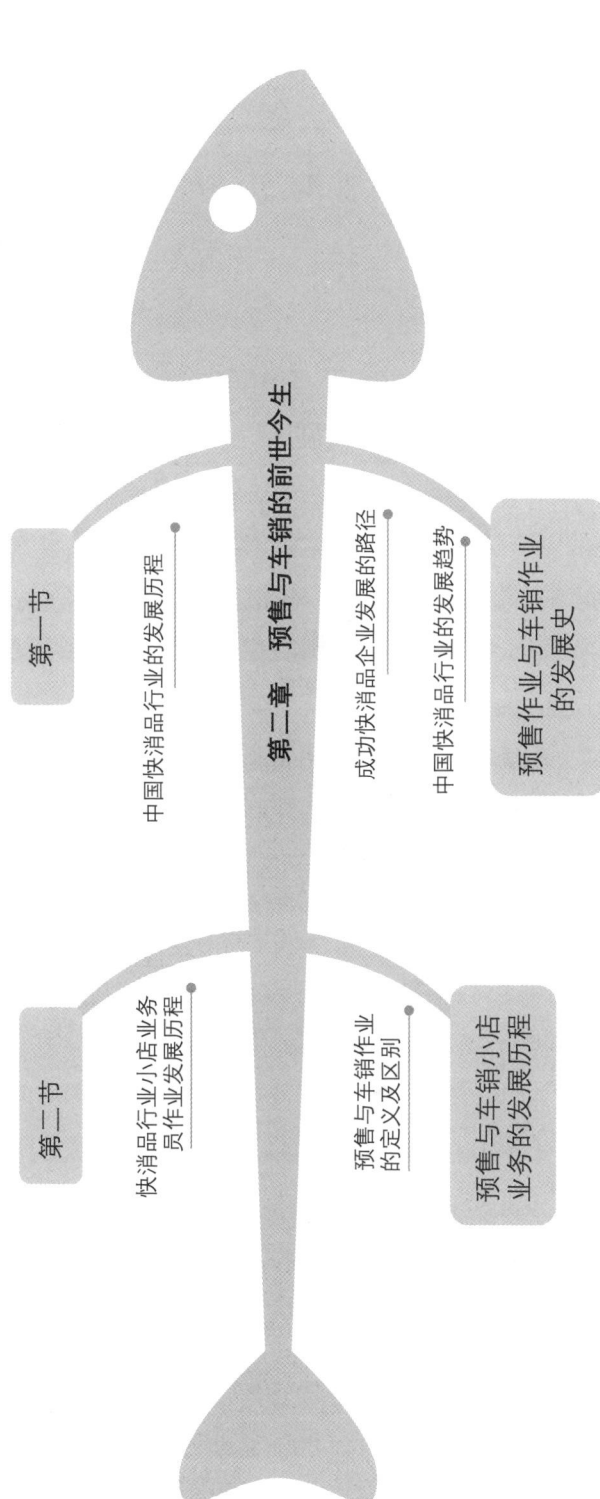

第二章 预售与车销的前世今生

第一节

中国快消品行业的发展历程

成功快消品企业发展的路径

中国快消品行业的发展趋势

预售作业与车销作业的发展史

第二节

快消品行业小店业务员作业发展历程

预售与车销作业的定义及区别

预售与车销小店业务的发展历程

第一节　预售作业与车销作业的发展史 ▶▶

一、中国快消品行业的发展历程

中国的快消品行业先后经历了产品为王、渠道为王、服务为王三个发展阶段。随着中国经济的飞速发展，中国快消品企业进入发展的快车道。自2004年以来，社会快消品零售总额同比增速已经连续十四年超越GDP同比增速。虽然社会快消品零售增速呈现出逐步下降的态势，但是截至2018年仍然处于9%以上的较高水平。在过去的十年中，中国快消品市场规模复合增速为7.7%。根据对于软饮料、生鲜、包装食品等9大类快消品市场空间的加总，中国快消品市场规模在2018年已经突破12万亿元，快消品行业在连续多年下滑之后迎来反弹。

1. 快消品的界定

快消品指使用寿命短，消费频次较高的日常用品。快消品的便利性、视觉化、流动性、同质性等特点造成了消费者对于快消品具有简单、迅速、冲动、感性的消费行为。

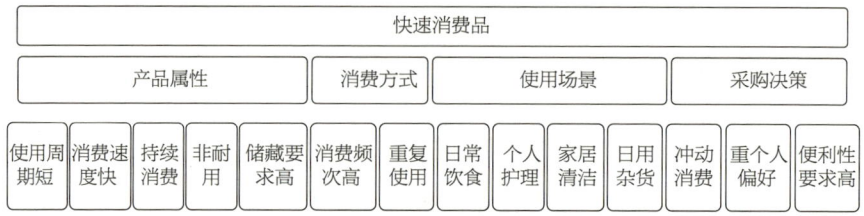

图2-1　快消品的特点

简单来说，快消品行业的发展受以下五个因素驱动：①宏观经济，随着宏观经济发展的脉搏而起伏；②市场需求，市场需求不断增加，行业规模不断扩大；③消费升级，消费者消费能力的提高，推动快消品发展；④行业市场开发潜力，行业门槛低，成本费用相对较低，资金回收也较快；⑤互联网+，快消品行业正在走向互联网化。

2. 中国快消品行业通路的发展历程

表2-1　中国快消品行业生意增长通路

时间	阶段	市场表现	生意增长主通路	市场反应的代表现象
1978—1983	萌芽期	供不应求	二批商、供销社、商场、小店	"倒爷"盛行
1984—1993	起步期	供不应求	二批商、小店、供销社、商场、超市	中小超市遍地开花、大卖场出现
1994—2003	发展期	供求趋于平衡	大卖场、超市、二批商	外国大型超市进驻中国、小店倒闭、供销社淡出消失、现代渠道开始崛起
2004—2010	成熟期	供大于求	大卖场、超市、二批商	全国大卖场快速开店
2011—2015	成熟期	供大于求产品同质化	小店、二批商、电商	大卖场纷纷关店、小店遍地开花、电商崛起
2016至今	成熟期	供大于求产品同质化渠道碎片化	小店、二批商、电商、新零售	小店遍地开花、新零售成为主流趋势

中国快消品行业大致经历了萌芽、起步、发展、成熟四个阶段。成功的快消品企业不仅抓住了发展机遇，还引领全行业共同发展，比如旺旺、娃哈哈、金龙鱼等企业。这些企业能够做大做强，具有一个共同特点，就是紧抓渠道建设。在起步期就紧抓渠道基础建设，比如康师傅、旺旺、娃哈哈、海天的通路精耕，金龙鱼的一夫一妻经销商制、渠道下沉等。小店业务员的作业模式随着快消品行业的发展也发生着深刻的变化。

二、成功快消品企业发展的路径

成功的快消品企业在中国的发展一般经历了以下几个发展阶段。

第一阶段，在某一区域内挣扎求存，从区域粗放生长到区域精耕，接着走向全国规模化发展。

第二阶段，从中心城区走向周边县级镇村，即所谓的渠道下沉。

第三阶段，从大店为王走向通路精耕，即从少数大店走向多数的小店。

第四阶段，从线下走向线上与线下融合。

第五阶段，从多品类走向根据消费者需求定制的全品类产品创新。

在中国快消品企业中，以海天的发展最具代表性，其战略布局如下图所示。

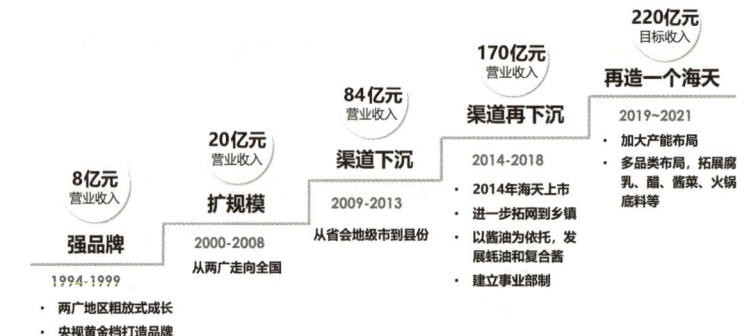

图2-2　海天发展历史：坚定不移地走渠道下沉、再下沉的网点精耕之路

基本上中国本土成功的快消品企业与海天的发展路径大同小异。它们有一个共识，那就是随着生意的发展壮大，未来的机会在镇村、在小店。

三、中国快消品行业的发展趋势

1. 中国快消品行业发展现状

传统通路仍占据我国快消品行业流通渠道主导地位。根据数据，2016年

我国包含包装食品、含酒精饮料、软饮料、日化品在内的快消品零售额为3.2万亿元，同比增长5.1%，市场空间庞大。从流通渠道看，快消品的流通渠道可分为三大类：①现代流通渠道，包括大卖场、超市、连锁便利店、品类专卖店；②电商渠道；③传统通路，即夫妻店，店主即店员，店内面积多在200平方米以内，主要销售食品、饮料等商品。

传统通路仍是我国快消品流通占比最大的通路。根据数据统计，尽管大部分品牌商早已经将现代流通渠道和电商渠道作为重心，传统通路依然是目前中国快消品流通中占比最大的通路。2015年我国现代流通渠道出货额占快消品出货额41.5%，线上渠道占6.9%，传统分销渠道（传统通路）占比高达51.6%。从品牌商角度看，半数以上的快消品企业传统通路销售额占其总销售60%以上。

2. 中国快消品行业发展方向

传统通路包含559万家小店，数量众多，大部分分布于各县级市场，其中一线城市小店数约11万家，占比2%；二线城市小店数约34万家，占6%；三线城市小店数约56万家，占比10%；县级市小店数约78万家，占比14%；乡镇、农村市场小店数量约380万家，占比68%。

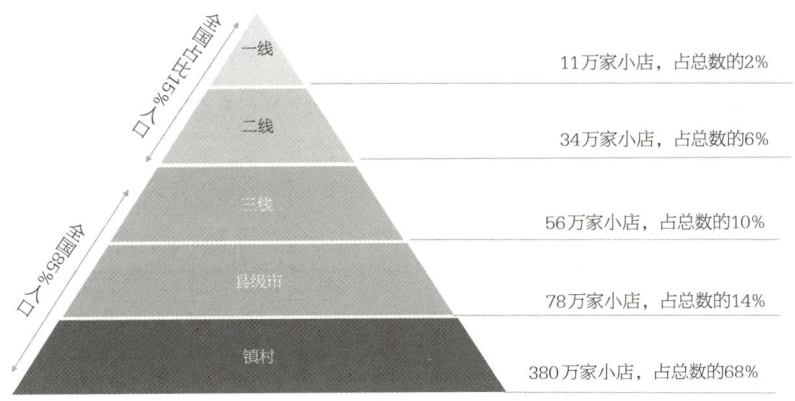

图2-3 传统通路店铺按市场线级分布①

---

① 数据来源：新经销公开资料。

传统通路终端小店渠道、场景、入口价值突出，难以替代。传统通路小店往往靠近社区或写字楼等客流量大的地方，通过整合传统通路一方面降低快消品、生鲜电商物流配送成本，提高配送效率，助力电商发展快消品、生鲜品类；另一方面，小店是天然流量入口，通过整合传统通路打造社区综合服务平台价值大。传统通路终端小店往往是自有物业，几乎不需要承担人工、租金压力，即使痛点众多，但新进入者面对老店仍存在较大竞争压力，传统通路难以替代。

　　传统小店具备大幅改造提升空间。二、三线及更低线城市夫妻店痛点众多，除了难以及时拿到优质低价商品（即商品品种、商品价格、物流配送和服务均存在痛点）之外，整体管理混乱（动线设置、产品管理等问题严重），自有物业利用率低下，整体系统、形象落后。整合之后，业绩提升空间大。

　　综上所述，无论是中国快消品行业的发展、中国快消品企业的发展还是中国快消品企业通路的发展，都指向一个共识——小店业务是未来中国快消品企业发展必不可少的一环，而小店业务员的作用无疑是重中之重。未来将是小店业务员最好的时代！

第二节　预售与车销小店业务的发展历程 ▶

一、快消品行业小店业务员作业发展历程

1. 不同时代业务人员的主要任务

表2-2　不同时代业务人员的主要任务

时代	产物	衍生	企业核心竞争力	业务人员主要的任务
手工业时代	作坊	产品	手艺	卖产品
工业革命时代	工厂	产线	规模	卖价格
信息时代	企业	品牌	服务	卖品质
数据时代	平台	数据	区块链、数据智能	卖平台

2. 小店业务员主要作业模式

表2-3　小店业务员主要作业模式

时段	阶段	小店业务员作业模式	任务
过去	萌芽期	电话、订单式预售	卖产品
过去	起步期	订单式、拜访式预售	卖产品、卖价格
过去	成熟期（前）	拜访式、服务型预售，线路式车销	卖产品、卖价格
现在	成熟期（中）	服务型预售，服务型车销	卖服务
未来	成熟期（后）	服务型预售，服务型车销	卖服务、卖平台

通过上述两个表格我们会发现，在不同时代、不同发展阶段，小店业务员的作业模式、作业任务从简单变得复杂，形式越来越多样，但是有个趋势——最终落脚点都是第一章所讲的服务。小店业务员的核心任务只有一个，就是做好服务，这个是不变的。小店业务员的核心任务就是通过服务改善与

终端的关系，赢得终端信任、依赖，达成"让终端订单由业务员决定"这一目标。

二、预售与车销作业的定义及区别

1. 预售与车销作业模式的定义

预售作业，即业务人员通过预售订单方式向终端进行销售的作业方式。

车销作业，即业务人员通过开车带货方式向终端进行销售的作业方式。

服务型预售作业，即业务人员通过向客户提供标准化的动手作业、线路化的拜访服务，持续帮助客户解决问题、兑现承诺，以预售订单的形式向终端进行销售取得交易订单的作业方式。

服务型车销作业，即业务人员通过向客户提供标准化的动手作业、线路化的拜访服务，持续帮助客户解决问题、兑现承诺，以开车带货的形式向终端进行销售取得现金交易的作业方式。

2. 预售与车销作业的分类及演变

表2-4　预售与车销作业的分类及演变

预售分类及演变	描述说明	车销分类及演变	描述说明
电话式预售	通过电话进行推销预售	随意性车销	无固定路线车销
拜访式预售	通过上门拜访进行预售	拜访式车销	线路化拜访式车销
服务型预售	通过线路化拜访，并提供动手及售后服务进行预售	服务型车销	线路化周期性，并提供动手与售后服务型车销
平台式预售	通过网络针对客户的个性化需求进行预售	平台式车销	依靠平台大数据提供精准服务型车销

预售与车销作业的发展是与时俱进的，如上表所述由上至下进行递进式演变。我们不能简单地说哪种是最好的，只能说哪种是最适合的，这个要看企业状况，由内外部环境等因素而定。作业模式不断变化，本书主要给大家介绍的是服务型预售、服务型车销作业技巧，这是快消品行业小店业务员的

主流作业方式。

3. 服务型预售与服务型车销的分类

服务型预售与服务型车销按照不同的门店及不同的区域属性，可细分为以下作业模式：

表2-5 不同门店及区域作业模式

门店类型	在城区作业模式	在乡镇作业模式
现代渠道门店	商超服务型预售作业	商超服务型预售作业
传统渠道AB类店	商超服务型预售作业	乡镇服务型车销作业
传统渠道CL类店	城区小店服务型预售作业	乡镇服务型车销作业

本书主要向大家介绍城区小店服务型预售作业、乡镇服务型车销作业技巧。

4. 服务型预售与服务型车销作业的区别

（1）服务型预售作业与服务型车销作业的区别

表2-6 服务型预售作业与服务型车销作业的比较

项目	预售	车销
物流方式	人货分离	人货合一
交易方式	延时订单交易	及时现金交易
终端拜访	拜访数量多	拜访质量高
服务体验	客户体验稍差	客户体验好
交易次数	至少两次交易	一次交易
适用区域	多适用于市区	多适用于乡镇

通过上表我们可以看到服务型预售与服务型车销在物流方式、交易方式、终端拜访、服务体验、交易次数、适用区域等方面存在诸多区别，但最根本的区别是人货分离与人货合一，后面所有区别都源于此。

服务型预售因为人货分离先下单后送货，是延时送货收费，所以业务员与终端交易时，先拿到订单才能获取现金；服务型车销是人货合一，下单即送货收费，是及时性现金交易。

服务型预售是订单交易，不需要上下货，比车销多出作业时间，每天可以比车销多拜访一些门店；服务型车销是下单即送货，送货之后及时动手作业，比如将补货摆放在更好的位置、整理货架、做陈列等，这样可以扩大销售机会，提高终端的满意度，终端拜访的质量好于预售作业。

服务型预售是订单交易，送货是延时的，而且送货人很少开展终端的动手作业，要等到下次预售人员来开展动手作业，无论是销售机会还是用户体验都比服务型车销作业差得多。而且订单交易，终端有反悔的可能，同时可能送货的时候终端手上没钱或已经进了竞品的货等原因，出现退单。即使成功交易，与服务型车销相比也要拜访两次终端才能完成，从成本与服务的角度来说，服务型车销比服务型预售的作业模式更优。

那么是不是任何时候都要选择服务型车销作业呢？

不是，我们还要考虑外在因素。比如市区对送货车辆是有限制的，很多时候无法开展车销，所以建议在市区采取服务型预售的方式。但是在成本可控的情况下，建议在乡镇采取服务型车销的方式。

（2）服务型预售作业与服务型车销作业的优劣

服务型预售作业与服务型车销作业哪一种更好？这是一个伪命题，根本没有好坏之分，只有合不合适。选择哪种作业方式与企业所处环境、内在条件有关。建议按照门店类型、城市级别、城区及乡镇的区别选择合适的作业方式，具体如下：

表2-7　作业方式的选择

门店类型	北、上、广、深		其他城市	
	城区	乡镇	城区	乡镇
现代渠道门店	商超预售作业	商超预售作业	商超预售作业	商超预售作业
传统渠道AB类店	商超预售作业	商超预售作业	商超预售作业	商超预售作业或服务型车销作业
传统渠道CL类店	服务型预售作业	服务型预售作业/服务型车销作业	服务型预售作业	服务型车销作业

企业的管理者可以参考上面的内容，匹配相应的作业模式。

（3）企业管理者选择业务人员作业方式的常见误区

误区一：不是以门店类型区分业务人员的作业方式，而是以区域区分，在一定区域内不分门店一把抓。这样做的后果是业务人员抓大放小，即只做大店放掉小店，慢慢地小店的业务就流失了。为什么会流失呢？

首先，大店（AB类店）与小店（CL类店）的需求不一样，大店更看重客流量，小店则看重安全、好卖、能赚钱。需求不同导致两者的经营理念有着本质区别，大店更关注品类管理、资源投入、服务品质，小店更看重销量、利润、客情关系。所以我们不能用同一种作业模式应对，不能让业务人员用做AB类的作业模式去做CL类店，更不能用CL类店的作业模式去做AB类店，必须区隔开来。

其次，当一个业务人员既做AB类店又做CL类店，习惯了AB类店大订单，就会忽略CL类店小订单，从而出现抓大放小、损失CL类店客户、业绩停滞不前的问题。

误区二：只选择预售作业模式，不选择车销作业模式，认为车销作业模式成本太高。这是一种非常错误的看法。因为从专业角度来说，车销比预售成本低、效果好，但是为什么很多管理者在能够车销的区域依然选择预售呢？因为他们对服务型车销的理解不透彻，认为车销一天拿到的订单有限，不足以支撑成本，而没有看到背后的原因，比如业务人员的工作意愿、作业能力、绩效考核问题。一个做预售的业务人员转做车销，工作强度提高了一倍，与预售相比，多出装车、下货、上货等一系列工作，而这些工作是消耗体力的，比之前辛苦很多，所以很多业务人员不愿意做，或者不愿意坚持做车销。如果没有一套合理的薪酬制度，业务人员很容易消极怠工，业绩就不可能好，造成的假象就是车销不如预售。但是管理者一定要清晰地意识到车销的优势，在有条件车销的区域大力推行车销，因为车销更利于增强终端黏性，更有利于生意的稳定发展。

● 本章重点

中国快消品行业发展历程，预售作业与车销作业在中国发展的历程。

预售作业、车销作业的定义、分类、区别。

企业管理者选择作业模式的误区。

◎ 本章思考

我们的企业处于哪个发展阶段？

为适应未来发展，我要做出哪些改变？

我要选择哪种作业模式？哪种最适合我现阶段发展？

我负责的区域内哪些终端应该选择服务型预售作业，哪些应该选择服务型车销作业？

我存在作业模式管理误区吗？

第三章

小店业务员的十八般武艺

导　读

　　我们经常听到一句话："行家一伸手，便知有没有！"在我看来，要想成为某一行业的行家里手，就和成为一个武林高手一样，首先要知道自己所从事职业的道，即明道悟理，其次要知道所从事职业的历史，做到正己知兴替，最后才是练技艺。

　　一个小店业务员如何开展服务型预售作业、服务型车销作业呢？怎样才能成为一名行家里手？这些是本章的主要内容。你将会学到服务型预售作业、服务型车销作业的十八般武艺，从基础功法到绝杀招式。这些招式是经过千百万人的实践，经过无数行家里手提炼钻研出来的，学了就能用，用了就有效，但无论哪一招都需要踏踏实实地学、勤勤恳恳地练，绝无捷径。

　　在本章节你将学习到以下内容：

　　第一节，主要是夯基础，打地基，练内功。全面、系统地介绍服务型车销作业与服务型预售作业的基本作业标准与基本技巧，即服务型车销作业的八要素与八步骤、服务型预售作业的六要素与八步骤。并且把每个要素与每个步骤先掰开揉碎详细讲解，再进行融会贯通式的实战技巧传授。

　　第二节，主要是攻坚破难、实战克敌的绝招必杀技能传授。详细拆解销售的难点与痛点，见招拆招，同时还原销售的常见实战场景，提供具体可操作的实战技巧。

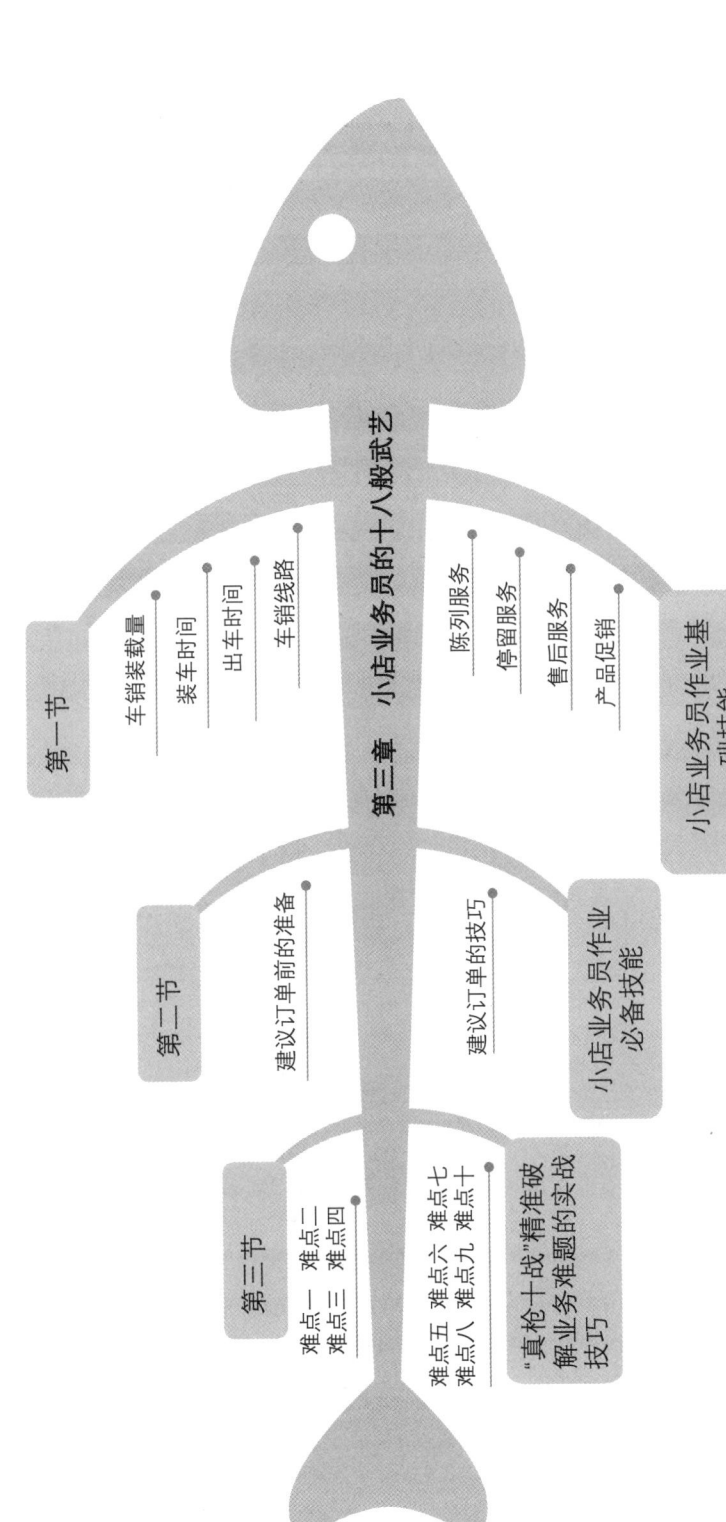

第三章 小店业务员的十八般武艺

第一节

车销装载量

装车时间

出车时间

车销线路

陈列服务

停留服务

售后服务

产品促销

小店业务员作业基础技能

第二节

建议订单前的准备

建议订单的技巧

小店业务员作业必备技能

第三节

难点一 难点二
难点三 难点四

难点五 难点六 难点七
难点八 难点九 难点十

"真枪十战"精准破解业务难题的实战技巧

第一节　小店业务员作业基础技能 ▶▶

如何开展小店业务？如何做好小店业务？从哪里着手进行小店业务的工作？如何才能成为卓越的小店业务员？看似千头万绪，其实并不复杂。正所谓"难了不会，会了不难"，任何事只要我们抓住关键点，并遵循正确的步骤与方法，做起来就很简单了。小店业务员工作的关键是什么呢？在无数前辈智慧的基础上，我长期跟访快消品行业一些卓越的小店业务员，经过近十年的实践萃取提炼，整理出小店业务员基本作业的八要素与八步骤，也就是小店业务员必须掌握的基本技能、看家本领。作为小店业务员，要熟练掌握这八个要素与八个步骤，并适当进行创新。

八个要素与八个步骤缺一不可，因为这是在血与火的营销实战中验证过的，是最简洁、系统、全面、清晰的实践总结。同时，在操作过程中要把服务型车销作业与服务型预售作业区分开来。

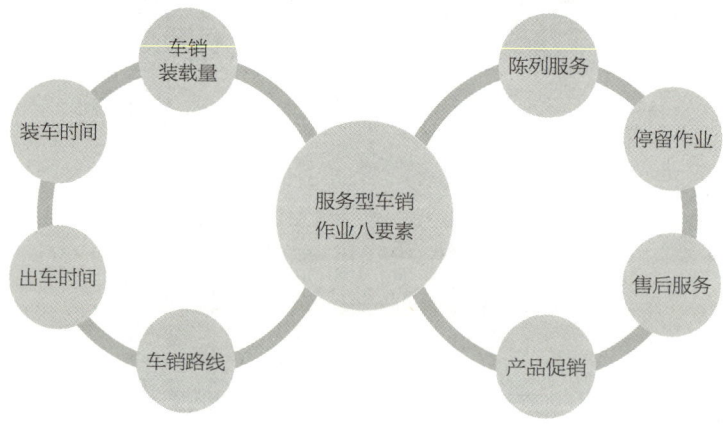

图3-1　服务型车销作业八要素

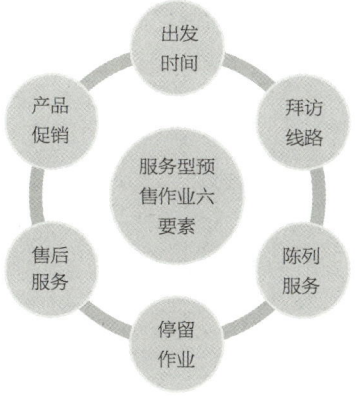

图3-2　服务型预售作业六要素

打招呼　整理货架　盘点库存　建议订单　打价上货　做陈列堆头　张贴广宣品　道别收钱

图3-3　服务型车销作业八步骤

打招呼　整理货架　盘点库存　打价上货　做陈列堆头　张贴广宣品　建议订单　道别收钱

图3-4　服务型预售作业八步骤

　　服务型车销小店业务员与服务型预售小店业务员的基本技能没有区别，只是服务型预售作业因为没有货车跟随拜访，所以从八要素变为六要素。

　　因为服务型预售作业不能实现及时补货，所以其八步骤中的"建议订单"不同于服务型车销作业，移到了第七步。

　　接下来我们以服务型车销作业小店业务员的八要素与八步骤为例，详细介绍每个要素及每个步骤的基本技能。

　　小店业务员要做好服务型车销作业，应注意车销装载量、装车时间、出车时间、车销线路、特陈服务、停留服务、售后服务、产品促销这八个要素，简称车销作业八要素。其中前四个要素是在车销作业前要关注的，后四个要素是车销作业过程中要关注的。

上述八个要素是车销作业的关键点，接下来我们具体阐述。

一、车销装载量

1. 车销装载的重要性

车销作业从装车开始，主要包括两方面内容，第一是装什么，第二是如何装。很多小店业务员存在以下两个误区：装车是很简单的事，不需要规范；装车时除了货物不需要装其他东西。这其实是大错特错的想法。为什么这么说？因为如果做车销不关注装车，就会出现下面的几种现象：第一，终端要的货车上没有；第二，终端要货车上有但是找不到，或者找到要浪费很长时间。两种情况表面上看只是损失了一些销量和时间成本，实际上会有很多隐性及衍生的损失是被忽略了的，而这些被忽略的损失是惊人的。第一，当装车这件事情没有被管理起来的时候，只让业务人员自行装车，业务人员一般只会装好卖和容易卖的产品，企业生产的新品及推广性产品是很难上车的，如果这些产品连车都上不去，他就不可能去卖，新品与推广产品在业务员这里给你的反馈永远是卖不出去，而新品与推广产品不能在终端分销，基本上就意味着吃老本，放弃未来，说得难听一些就是混吃等死，这是不符合生意的发展逻辑的；第二，因为找货而浪费时间的问题，表面上看只是浪费了一些时间，实际上浪费的是利润，而且这种浪费是惊人的。

例如，一个车销业务人员，如果每天拜访15家门店，在每家店因为找不到货而浪费5分钟，那么15家累积就会浪费：15×5=75分钟。一般拜访一家门店需要25分钟，那么这浪费的75分钟，至少可以再拜访3家门店。如果每家门店月单店产出2000元，那么一年12个月，每家店损失24000元，3家店损失

72000元。如果有10个车销业务人员这么做，一年就损失720000元。如果毛利率是10%，那一年就损失72000元，这还是按照最少的情况来算了。为方便大家计算损失，将损失计算公式公布如下：

车销业务人员的数量用PN表示，一个车销业务人员每家店找货浪费的时间用FT表示。

一个车销业务人员每天浪费时间：$LT=\sum(FT1+FT2+FT3+\cdots\cdots)$。

浪费的时间可以多拜访的门店数量：SN=LT/25（每家店平均服务时间）。

每家门店月单店产出：M=上年度车销小店销售金额/车销小店数量/12。

年度损失销量金额：$LM=M \times 12 \times SN \times PN$。

年度损失利润：LP=LM×毛利率。

装车是车销作业的第一步，乃重中之重。不会装车，意味着车销就失败了一半。装车看似是装载产品、物料等实体物品，实质上装载的是企业的产品战略、策略、执行标准，是这些内容得以在终端落地执行的"最后一公里"。

2. 装车十八招

装车如此重要，那么如何进行装车呢？其实很简单，就是解决两个方面的问题，第一装什么？第二怎么装？

第一个问题"装什么"主要包括以下三方面内容：

表3-1　装车条件

装什么	装车要求
产品	品类、品项齐全，重点产品数量充足
物料	物料、促销品有针对性，重点推广产品物料不能欠缺
工具	带好上货工具、下货工具、车销作业工具

第二个问题"怎么装"包括以下几方面内容：

（1）装车五原则

原则一：无遗漏，重点突出，数量足够。无遗漏，指装在车上的物品要无遗漏，产品、物料、工具都要有，缺一不可，不能只装产品，且产品要全产线、全品项、全规格；重点突出，数量足够，指装在车上的产品数量充足，特别是重点畅销产品及推广产品、新品、促销目录上产品的海报及物料的数量要足够。

原则二：装车产品综合毛利率在10％以上，保证赚钱。装在车上的产品综合毛利率要达到10％以上，因为10％是扣除成本后，车销赚钱的底线。毛利率低于10％，车销很难赚到钱。当装车产品数量少的时候，毛利率还要向上浮动。

原则三：省时高效，合理分配空间，以方便卸货为原则装车。省时高效是指装车时上货和下货要有节奏，装货时有条理，确保下货时方便快捷，节省业务人员的时间与体力。

原则四：要以行车安全为原则进行装车。装车时重心尽量不要失衡，重心不能靠后，更不能靠一边，尽量均衡；如无法均衡尽量让重心靠前，以保证车辆行驶安全。

原则五：以业务人员日线路进行装车。要以业务人员日拜访门店的数量及体量进行装车，力求装车更加精准。

（2）装车十八招

送货车辆以厢式货车为主。

招式一：一定要建立一图一表，即装车标准、装车图（详见附录）。装车标准即装车物品清单、数量。装车图即物品在车上的位置图，按照装车标准确定物品，按照装车图进行上下货。装车标准和装车图要打印出来，张贴在上下货的车门内壁。标示装车标准的好处是不仅让装车有的放矢，也让生意变得更加可控，因为车销是企业产品及渠道策略的有效落地手段。标示装车图的好处是上货清楚、下货便捷，省时高效。

招式二：按照"253"的方法确定装车标准中的产品。"2"指车上装有20％高利润推广型产品，"5"指车上装有50％基础型产品，"3"指车上装有

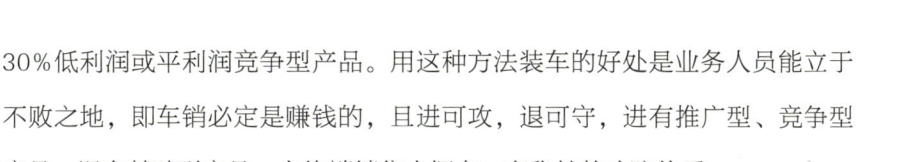

30%低利润或平利润竞争型产品。用这种方法装车的好处是业务人员能立于不败之地，即车销必定是赚钱的，且进可攻，退可守，进有推广型、竞争型产品，退有基础型产品，在终端销售中拥有一套稳健的攻防体系。

招式三：装车时重货尽量放在中前部，轻货置后码放，车辆重心尽量均衡。

招式四：码货时大不压小、重不压轻、木不压纸、直不压曲、重货垫底、轻脆在上，码放整齐、平稳，严禁倒置、严禁侧向摆放。

招式五：装车时在车厢内留一条过道，以便下货。过道最好留在中门，呈侧"凹"字形，这样可以四面下货，后门一面，中门凹有三面，可以实现最大化的面积下货，但是过道不宜过宽，以一人侧身能过去为宜，一般为25厘米左右。

招式六：车内划出网格线，固化产品固化区域，形成装车图。

招式七：装满车时车内产品高度尽量一致；不能装满车时产品应以阶梯式、下降式，且不同排间交错层高码放。装车时以"倒L"形叠加装货，方便取货。

招式八：畅销产品两头摆放，不能集中放在一个区域。畅销产品和零散小规格产品放在靠近过道易取的位置。

招式九：将第一家拜访门店的预估下货放在过道处或后门易下货位置，尽量同一送货地点或同一票货物相邻摆放。

招式十：注意产品的安全接触，异味产品要与其他产品（特别是食品类）分厢装车或分开码放；易漏产品注意与其他产品区分放置，以免破损污染其他产品。

招式十一：易碎产品放在低层。怕压产品最后装，放在高处。这两类产品尽量固化及固定且用层板保护起来。

招式十二：同排不同层的产品交叉层叠码放，不同排之间的产品如果是相同的产品要错位码放，如果是不同外箱尺寸的产品要形成层间落差摆放。

招式十三：装载有棱有角、奇形异状等不规则产品时，必须预先做好装车防护措施，如打木架、用隔板，不能裸装。

招式十四：常用小物料、促销品、作业工具及推广试吃产品放在车头位置随身携带。

招式十五：上下货时，前后车门一定要固化好，防止意外发生。遵循先里后外、按单装车点货的原则，搬运时轻拿轻放，严禁踩货、坐货、摔货、扔货，不准提货物打包带，超过50千克的货物应由两人对角搬运，协同作业，不可一人蛮干。同时，要做到货物平行搬运，不翻滚货物，严禁野蛮装卸。

招式十六：车厢尾部不能竖立放置板状货物、棍状货物，多件小型重货不能放置在车尾，以免卸货开门时发生意外事故。

招式十七：车销过程中，随着销售进程及时将高处的货物下移，或使用厢式货车支撑杆，以防止货物倾倒。

招式十八：一定要装上手推车，以节省上下货及送货的时间与体力，手推车以两轮或可折叠的四轮小货车为宜。

（3）装车三步骤

第一步，确定装车货物。根据装车原则及装车十八招确定装上车的产品品项、数量、金额及物料与工具。

第二步，划定装车区域。根据确定的装车货物划出网格线，划定并规划出货物的装车区域地点。

第三步，确定装车顺序。根据划定的区域按照先里后外、先重后轻、先大后小的原则确定装车顺序，进行装车。

（4）装车两工具

一表：装车标准；一图：车辆装载图。

二、装车时间

小店业务员一定要关注时间和手艺这两个关键点，在正确的时间做正确的事才能事半功倍。那么最正确的时间是什么时候呢？当然是小店业务员在终端作业的时候，这是最容易销售的时间。根据实践统计，小店业务员上午能完成一天业绩的70%。经过进一步实践，我们发现，这和终端老板经营时间息息相关。

表3-2　装车时间表

时间段	时间	小时数	是否容易成交	时间分类
上午	08：30—12：00	3.5	容易成交	关键时间
中午	12：00—15：00	3	不容易成交	休息时间
下午	15：00—19：00	4	容易成交	关键时间

通过上表大家看到，小店业务员要利用好两个关键时间段，必须在这两个时间段进店作业。在这两个时间段最容易拿到订单，要避免一切浪费这两个时间段的行为。如果业务人员在早上装车，就会浪费掉关键作业时间，为避免出现这种状况，装车时间要放在前一天晚上。这样不仅可以节省时间，还可以节省体力。

三、出车时间

小店业务员的出车时间要根据地域、季节做具体安排，如下表所示。

表3-3　出车时间表

地域	夏秋季	春冬季
南方区域	7：30	8：00
北方区域	7：30	8：30

总之，业务人员要将最好的精神状态及服务作业用在容易达成交易的时

间段上，达到效益、效率的最大化。

四、车销线路

1. 车销线路的重要性

车销线路是业务人员确保在正确时间，出现在正确地点，做正确的事的最好途径。车销线路管理对生意链条每一环节中的人都非常重要。

（1）线路管理对业务人员的好处是可以实现持续有节奏地赚钱

有了线路管理，可避免重复拜访客户、互抢饭碗的现象。同时，线路固化、标准作业有利于节省时间、资源整合、提高工作效率，有利于客情关系的建立与稳固发展，提高单店产出。业务人员工作更有节奏，可持续稳定地获得订单。

（2）线路管理可以让管理者高效管控营销网络

第一，有利于建立统一的作业平台、作业标准，更快捷有效地管理业务人员的作业时间、作业标准、作业节奏；第二，动态、即时地掌握终端网点变化；第三，实现对终端网点服务效率最大化，对工作量与资源的分配更加公平合理；第四，有利于业务人员的快速培养复制，检核监控，管理到业务人员的每一天。

（3）线路管理为企业战略与策略的落地及品牌拉升提供了载体

第一，线路管理为品牌拉升提供了平台，通过线路管理可以巩固、拉升企业产品在终端心目中的地位；第二，提升企业品牌忠诚度、美誉度，提高产品销量；第三，企业与经销商的对接更加顺畅，各方通过线路在同一个平台上沟通；第四，有利于市场规划、产品策略、促销策略的落地实施，资源投入更加精准。

（4）线路管理让终端网点踏实省心地赚钱

线路规划后，业务人员为终端提供周期性、标准化的周到服务，终端可

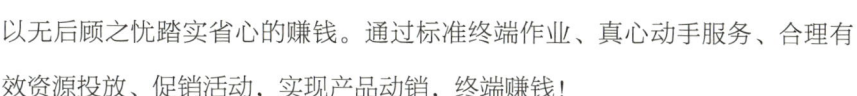

以无后顾之忧踏实省心的赚钱。通过标准终端作业、真心动手服务、合理有效资源投放、促销活动，实现产品动销，终端赚钱！

所以我们可以看到，线路管理在生意链条中的重要作用，它把生意链条上的所有人都连接了起来。正是通过线路管理，我们的生意才得以持续运转。

2. 车销线路编排的原则

（1）先以人定线，后以点定人原则

车销线路不是盲目设定的，要根据企业或经销商的发展阶段来确定。当处于起始阶段时，因为成本的关系，先根据企业车销业务人员的人数选择优质网点终端确定线路；当处于成熟阶段时，以发展为第一要务，在成本可以支撑的情况下，根据区域终端网点数量来确定业务人员的人数，尽量服务区域内全部有效终端网点。

（2）日线路原则

车销线路以一天为单位进行线路编排与设计。

（3）顺路原则

车销线路编排必须顺路，避免折返重复走冤枉路，提高拜访服务效率。

（4）周期性原则

车销线路必须形成周期，并且固化，让终端服务定期并持续感受到服务，提升终端满意度。

（5）特陈网点必须纳入线路原则

车销线路必须将特陈的使用情况纳入线路当中，以保证对终端网点特陈投入的落地与实施。

3. 车销线路编排的步骤

线路编排方法是一个难了不会、会了不难的技术活。

说不难，是因为方法不难，线路编排方法简单地说就和做菜一样，所以简称为"炒菜法"。

第一步，先把材料选出来，即选网点。线路是由一个个终端网点组成的，所以要先选出所有网点；第二步，将所选材料按照规则排列，同一种菜的材料放在一起，即把选出来的网点进行分类，确定线路；第三步，按照先后顺序把菜放到锅里开始炒制，即把线路上的网点按照顺序、周期、频次排好，线路编排便完成了。

说难，是因为其过程确实有些烦琐，而且需要一定技巧。比如网点如何分类、分类后如何编排、编排后如何确定顺序等。但是这些看似很难，其实在真正做的过程中都不会成为障碍，"嘴说千遍，不如动手一遍"。线路编排分为以下几个步骤。

（1）第一步，选网点

选网点分为五个部分，第一部分是预估理论网点，一般的做法是按1000人预计有一个网点，也就是所谓的千人网点，用区域的总人口数除以1000就是这个区域内的理论网点数。这个网点数主要起到一个标的作用或者叫假靶作用；第二个部分是梳理现有自我已服务的网点数量，用这个数量对比第一个理论网点数，看自我网点的覆盖度及活跃度，从而找到差距；第三个部分是带着问题摸排实际网点数量，核实区域内真实网点数量、现状；第四部分是根据摸排的网点数，进行分类筛选；第五部分是将筛选出的网点进行分类标识，挑选出拜访的网点。简单来说就是五个字：估、检、盘、筛、选。这五个部分中，最简单的是估和检，最麻烦的是盘，最难的是筛，最考验智慧的是选。因为估与检不需要太多技巧，很容易进行，因此在这里主要向大家讲解盘、筛、选的技巧。

盘：对现有负责区域的网点进行实际摸排盘点。

盘的目的有三个：

第一个是建立区域内的客户档案，了解区域内门店分布情况，从而判断出生意规模，做到知己。

第二个是了解竞品信息、分布情况、营销策略等，做到知彼。

第三个是为筛、选做好准备。

盘点没有讨巧的办法，就是要一家家去实地走访摸排，为保证摸排准确、真实、高效，应注意以下几点：划区域即把摸排的区域划出来；根据区域确定摸排的线路；根据确定的线路安排专人进行摸排盘点；摸排过程中要根据《网点摸排表》（见附录）进行实地走访。为保证摸排资料的准确性，在摸排过程中要制订奖罚及抽检机制，每摸排出一个新网点建议奖励2—5元。同时，对于为了拿奖金而造假者，建议一律开除。这样的业务人员诚信是有问题的，如何能让一个诚信有问题的人去服务客户？所以必须开除，即使他很优秀。一个小店业务员一定是德才兼备的，且德是放在第一位的。对摸排不认真及摸排信息不准确、不完善者给以相应的惩罚，惩罚金额是奖励金额的3—5倍。

盘的时间不宜过长，一般要在一个月内完成，大型盘点一年只宜做一次。

筛：即对盘点出来的网点进行筛选。筛的作用有两个：一个是将盘出来的网点进行分类，二是为后面的选做好充分准备，起到承上启下的重要作用。那么如何进行筛？

首先，按照渠道类型与网点类型筛选，即按网点分为现代渠道门店及A、B、C、L类型门店。

其次，按照区域筛选，先将城区的与乡镇的网点进行分类，再将同一城区与同一乡镇的网点进行分类。

选：网点被分类出来之后，就要把这些网点挑选出来。挑选哪些网点进行线路拜访这一步最考验智慧与经验。接下来向大家讲解挑选网点技巧。

挑选出重点网点：根据"二八原则"选出重点门店。一般来说，现代渠道门店、AB类店基本都是重点网点，CL类店则要视竞品及自我产品在门店的销售占比来确定，竞品和自我产品销量都高的门店无论大小皆为重点网点。

挑选出有效网点：所有重点网点都是有效网点，包括竞品高、自我产品低，或自我产品高、竞品低的网点，还包括竞品高、自我产品低网点周围的同规模网点。

拜访网点：所有重点网点与有效网点都是拜访网点，包括之前虽然销量少但是一直合作的网点，竞品陈列突出或其邻近的网点；如果人员或资源成本是可以支撑的可以把所有网点纳入拜访网点，但是如果有人员、成本、资源限制，建议按照以上方法选择拜访网点。

被选出的重点网点、有效网点、拜访网点必须纳入线路。至此，炒菜的食材全部选择并排列好了，接下来就是正式的炒菜环节了。

（2）第二步，定线路

网点被选出来之后，就要确定线路。

首先，按照渠道类型及门店特性来确定线路，一定要让专业的人做专业的事，绝不要以区域来划分线路，让一个业务人员既负责现代渠道、AB类店又负责CL类店。这样做在人员少且产品供不应求的年代是可以的，在产品同质化的时代，一定要把线路拆分开。线路的拆分及人员匹配如下表所示。

表3-4　线路拆分原则及业务员配置标准

网点线路类型	业务员配置标准		独立线路划分条件
	专职配置标准	兼职配置标准	
现代渠道线路	10—12家门店配置1人专职服务	10家以下门店可配置兼职服务	当现代渠道门店少于10家则与城区AB类店线路合并，多于10家时独立线路作业
城区AB类店线路	10—15家门店配置1人专职服务	10家以下门店可配置兼职服务	分区块区域独立线路作业，可以与现代渠道线路合并，可以与邻近的乡镇AB类店线路合并，但绝不能与城区CL类店线路合并
城区CL类店线路	120—150家门店配置1人专职服务	不可兼职	分区块区域独立线路作业
乡镇AB类店线路	10—15家门店配置1人专职服务	10家以下门店可配置兼职服务	按乡镇进行划分，当某一乡镇门店数量多于5家时独立线路，当少于2家时并入乡镇车销作业线路
乡镇CL类店线路	90—120家门店配置1人专职服务	不可兼职	按乡镇进行划分，当某一乡镇门店数量少于80家时则将其拆分与邻近乡镇合并线路

其次，根据不同的线路划定不同的片区。

表3-5　划片区原则

线路类型	划片区原则
现代渠道线路	不超过10家不划分，超过10家按门店系统分类，不按片区分
城区AB类店线路	不超过10家不划分，超过按区域商圈划分，先密集后发散原则，可与现代渠道线路合并
城区CL类店线路	按区域以菜市场、粮油批发集散地为中心区块划分，肥瘦搭配原则，保证每条线路上有1—3个"一区一店"（高产出网点）
乡镇线路	按实际乡镇区划划分，乡镇不足10家的合并到邻近乡镇线路
	保证每条线路上有1—3个"一镇一店"，一天不超过2个乡镇，最好一个乡镇一个线路

再次，根据每条线路上网点的重要程度确定周期与频次。拜访周期最好以周为单位，周期频次一旦确定就要固化下来，不可以随意更改，要让终端明确知道被拜访的周期。比如，固化在周一拜访就把每次拜访都安排在这天，这样可以让终端知道每周你都会拜访他，为你留出时间与货款。另外，拜访周期不能设为10天，这会让终端感觉不到服务的周期性，必须让终端感受到你对他的服务是有规律且固化的。

表3-6　拜访周期规划原则

网点类型	拜访频次
重点网点	一周两访
有效网点	一周一访
拜访网点	一周一访或两周一访或一月一访

根据线路的拜访周期确定日线路、周线路与月线路（具体见附录）。

（3）第三步，定顺序

线路确定后，为了提高拜访效率，需要确定线路的先后顺序，即确定线路上拜访的次序。线路的顺序遵从以下三个原则设定：顺路原则、省时高效避免重复原则、右手原则。定顺序的方法很简单，主要依据线路上各网点地理、交通现状，参照上述三个原则进行确定。在地理上主要是凭借线路的出入口来确定顺序，当一条线路的出入口是同一个地方或道路时，就遵守上面的三个原则，当出入口不在一个地方而是呈对角线则只遵守前两个原则，不必再遵守右手原则（见附录《进出口定序法》）。

通过选网点、定线路、定顺序三步即可确定业务人员的拜访线路。讲起来很简单，但是做起来存在一定难度，这也是线路编排既简单又困难的原因所在。另外，线路编排好后不是一成不变的，需要不断地优化。

线路编排好后，总会出现一些原因导致线路发生变化。比如，终端网点的增减，线路编排好后发现不合理需要调整等。这时就要对线路加以优化，那么如何优化？在什么时间优化？我建议月优化、年度调整（或半年度调整）。月优化是微调，比如新增或减少线路上的网点，调整网点拜访顺序及周期等，但是线路的基本框架不变。这样的微调每月进行一次，由线路拜访的业务人员及业务主管完成即可。年度调整（或半年度调整）是大调整，重新梳理、编排网点。这样的调整不宜频繁，而且一定要在销售淡季进行。

已确定的线路必须严格执行拜访计划，业务人员按照线路依次拜访，绝不允许出现窜线、抓大放小、寅吃卯粮的情况，这是一线业务人员应遵守的铁律。这和士兵必须在固定时间出现在固定的阵地是一样的道理，绝不可以松懈，放松管理。线路可以优化调整，但是在此之前业务人员必须按照规划拜访网点。我强调这一点是因为这很重要，因为业务人员窜线、抓大放小的情况太普遍了。如果不进行管理，线路的编排就没有意义，直接关系到生意的成败。说到底，线路出问题，生意必然受影响。线路管理是关系到生死的大问题，必须得重视。

五、陈列服务

消费者在终端的持续购买是实现生意增长的核心要素，而要促成消费者在终端的购买行为，必须要保证看得到、方便拿、吸引人这三个关键要素。如何实现这三点？如何让你售卖的产品跳出来？这些都跟陈列有关。陈列是

一门很有意思的学问，千万不要小看陈列，陈列决定了消费者的购买行为。在快消品市场，有70%的消费者会在终端发生冲动性购买行为。好的陈列可以吸引消费者进店，展示品牌风格、引导消费者购买走向、提升品牌的附加值。简单来说，陈列是引导消费者购买的"最后一公里"。

对于一名合格的小店业务员来说，针对陈列部分，要做的就是按照企业的陈列标准进行陈列，分为货架陈列标准和特殊陈列，一般为堆头、割箱、端架等。但是太多的产品项目经理设计了烂到家的陈列标准，所以如果想成为一名卓越的小店业务员，要学会自己规划门店陈列标准。如何设定陈列标准呢？如何玩转陈列呢？首先从了解陈列的定义开始。

1. 什么是陈列

高一层次的陈列定义：陈列是一门具有创造性的视觉与空间及光影艺术，也是一门展示商品的专业技术，是将商品以富有魅力或独有特点展现出来，达到吸引消费者购买的一项营销技能。可以运用色彩搭配及陈列法则，配合店铺设计、橱窗、通道规划、道具、光源、POP（卖点广告）、宣传海报、视频短片等视觉元素，来展示产品形象、品牌形象，表达商家诉求，以最终实现购买的综合性学问。

低一层次教科书式的陈列定义：陈列是以产品为主体，运用一定的艺术方法和技巧，借助一定的道具，将产品按销售的经营思想及要求，有规律地摆设、展示，以方便消费者购买，进而提高销售效率的重要宣传手段。

我理解的、通俗易懂的陈列定义：陈列是以吸引消费者购买为目的的产品摆放、展示艺术方法和手段。

2. 陈列的作用

（1）从企业角度，陈列有以下四种作用

塑造产品形象。产品的形象就是产品的外貌，如同人的容貌一样，卖场的陈列在塑造产品形象方面起到了至关重要的作用。如果产品陈列效果不好，消费者看到一堆乱七八糟的物品随便堆放在货架上，就不会留意产品。而陈列效果好的产品，能让人耳目一新，并留意产品质量和价格。陈列如同女人化妆，是否化妆及会不会化妆有很大区别。

提高产品竞争力。产品的竞争力决定着该产品在市场中的成败。陈列突出企业文化和产品价值，让消费者更加容易定位、接受品牌价值，提升产品竞争力。

将更多的产品信息传递给消费者。很多产品会在终端参加降价、捆绑、促销等活动，陈列可以将这些信息快速直观地传达给消费者，承担了一部分媒体宣传工作。

诱导消费者选择和下决心购买产品。消费者进入终端时，一般会进行选择，因为产品太多了，琳琅满目，而优秀的陈列可以吸引消费者，并诱导消费者达成购买。

（2）从消费者角度，陈列有以下六种作用

让消费者在最短的时间内找到产品，从而选购自己喜欢的商品。

能够吸引消费者的注意力，让其产生购买欲望。

提高企业整体影响力。

提高产品的销售额，吸引客流。

给消费者一个深刻的印象，即使这次不买，下次也会买。

陈列井然有序可以减少库存，降低不必要的补货，从而降低库存成本。

3. 陈列的组成要素

产品：产品是陈列的基本要素，一切都是为了产品，所以第一要素是产品本身。

陈列阵地：主要指位置、规模、空间面积、陈列方式，也就是货架、堆头、端架等。

陈列环境与氛围：指综合运用灯光、色彩及相关物品的衬托和对终端内外环境进行协调布置，给产品陈列制造良好的环境氛围，起到衬托产品和吸引消费者的作用。

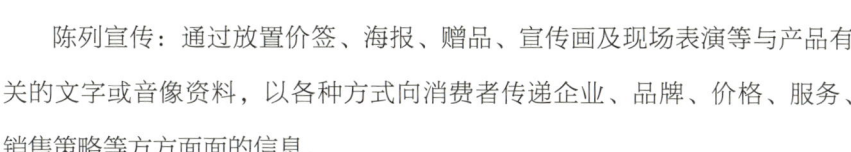

陈列宣传：通过放置价签、海报、赠品、宣传画及现场表演等与产品有关的文字或音像资料，以各种方式向消费者传递企业、品牌、价格、服务、销售策略等方方面面的信息。

陈列装备：即满足产品特殊性要求和对产品采用了新的陈列方法而使用的一系列软硬件装备。可分为两类，一类是可以在现场制作销售产品的设备，如饮料现场制作设备、冰激凌速冻柜等，另一类是通过放置具有企业或品牌标识的特定陈列器具，使产品陈列生动化，形态独具特色，比如金龙鱼的外婆小榨工作坊、金龙鱼特制货架、乐百氏的陈列桶、双汇的冰柜等。在实际终端陈列中，依据品牌自身特点，制作一些有利于陈列、销售及环境氛围的陈列装备，是陈列促销的方法之一。

4. 陈列的原则

（1）基于企业思维的八大陈列原则

最大化及陈列位置固化原则。要保证产品拥有固定的陈列位置和陈列面，不要轻易变换位置。因为终端消费者在购买商品时，会习惯性地去上一次或固定的位置购买产品。

统一性体现美感原则。在应用产品陈列要素进行组合陈列时，既要按集中、醒目、美观的原则陈列，又要做到技术装备、宣传、环境氛围的统一，"形散而神不散"，以不同视觉、感觉表达统一的内涵。这一原则还要扩展到所有终端，各终端内部陈列和店面环境有相同或相近，整齐划一，形成合力，取得整合传播的效果。

优于竞品品牌的陈列原则。竞争性陈列是与主要竞争品牌的陈列状况进行比较，调整产品的陈列要素，如陈列规模、位置、装备、环境等，达到优于竞争对手的目的。这里面有一点非常关键，就是要找对竞争品牌。竞争品牌是指产品的类别、质量、价格、风格等相近，渠道模式相似或雷同，市场影响力和销售差距不大，目标消费群也较为接近，与我们产品市场表现此消彼长的同行产品。找准了竞争对手，还要弄清竞争品牌所具备的优势或强项是什么、弱项是什么，对抗性陈列才能有的放矢，抑制对手的强项，突出其弱项，彰显自我品牌的强项，隐藏弱项，一句话就是：避强击弱，避实击虚。在这里举个实际的例子，湖南道道全在与金龙鱼竞争时发现，金龙鱼食用油在终端的货龄新鲜度有问题，马上制作了一批货架及宣传物料，上面注明"好油看日期"，只此一招，直接抢掉10%的市场份额。

以主导品牌或优势产品为主，突出重点原则。强化主导品牌或优势产品的陈列有利于实现销售目标的最大化。产品陈列的目的是实现销售最大化，有限的资源投入达到商品陈列规模和数量最大化是我们追求的第一目标。受资源限制，企业很难对每一个产品都投入专项陈列费用，所以"好钢要用在刀刃上"，把最大和最好的陈列面给到畅销、优势或主推产品。突出重点产品的方法包括：尽量立体陈列，突出品牌形象，充分展示产品的外观、质地、性能；突出畅销、利润大、流行、节令产品和试销、特色产品；突出一个"新"字，橱窗陈列要时常调整，不断翻新。即使销量大的产品，也要变换摆放角度，给人焕然一新的感觉。

占用货架空间与销量匹配原则。货架空间陈列面积应与产品品牌的市场份额相匹配，并尽可能扩大，尤其是在竞品竞争激烈的店中，一定要超过主要竞品的陈列面。

先进先出、丰满充实原则。一定要保证产品的新鲜度，让消费者买得放心，因此要按先进先出原则进行陈列。同时，货架一定要摆满，不留空位，既可以让消费者感受到商品丰富、充足，品种齐全、琳琅满目，又可以打击竞品，不给竞品抢占排面的机会。

生动化原则。陈列能够引起消费者的共鸣，让消费者感到亲切，应通过商品布局、排列方式以及货架广告体现出来。亲切感由商品陈列的吸引力和取放商品方便两方面因素形成，包括容易判断商品质地、价格标签和条码清晰等，还要注意营造售点气氛。售点气氛对冲动型消费者具有决定性作用，对理性消费者也有很好的吸引、提醒和刺激作用。因此，灯箱、海报、地贴、吊旗、爆炸贴等助销物品必须与陈列相结合，使消费者感到亲切、生动。

争取店员支持和合作原则。仅仅依靠自己的拜访争取最佳陈列是不太现实的，还应该和店内工作人员建立友好关系，争取他们对企业产品陈列工作的支持。比如，争取陈列面、维护陈列位置、及时补货、张贴并发放宣传品等，要和店内的理货员处好关系。

（2）基于终端及消费者思维的八大陈列原则

可获利原则。陈列必须有助于增加门店的销量，努力争取将门店最好的陈列位置用于主销与主推产品的销售。要注意记录能增加销量的特定的陈列方式和陈列物，不停地提醒门店商品陈列对获利的帮助。

卫生整洁原则。卫生整洁是门店老板和消费者对产品陈列及卖场环境的基本要求，是提升客情的基本手段，业务人员要及时清理商品、货架、堆码位置的卫生，将商品上的灰尘及时擦拭干净，体现商品的新鲜度。

放满不缺货原则。商品要放满陈列，可以给消费者一个商品丰富、品种齐全的直观印象。同时也可以提高货架的销售能力和存储功能，还相应降低了门店库存，加快了周转速度。有资料表明，放满陈列可平均提高25％的销售额。商品放满要做到以下两点：货架每一格至少陈列三个品种（目前，国内货架长度一般为90—120厘米），畅销商品的陈列可少于三个品种，保证其量感，普通商品可多于三个品种，保证品种的数量；按每平方米计算，平均要达到11—12个品种的陈列量。

陈列点原则。即选取好的陈列点陈列，好的陈列点是迎着主人流方向墙面的货架位置（以及以此视点为中心的辐射两侧各65度角所覆盖的陈列面）、主通道的展台、收银台的展台等。促销陈列点：迎门的展台、长墙陈列的尾部区域、两个主通道之间的展台等。不好的陈列点：仓库出入口、照明不好的角落、深型店铺的底部死角、间隔太多的深部小间隔等。

商品搭配原则。充分运用关联销售，注意商品的组合优化。相关商品陈列在一起，既能方便消费者购买，又能刺激消费者的购买欲望。很多商品在消费者心目中是有关联性的，当消费者购买某一样商品时也会需要与之相关的商品来配套，要注意将相关商品陈列在同一通道、同一方向、同一侧的不同货架上，不应陈列在同一组货架的两面。为了配合消费者追求新意的习惯，在搭配设计时要制造出让消费者常看常新的效果，也就是说要定期对组合进行适当调整，体现新意。

吸引力原则。充分将商品集中摆放以凸显气势。陈列时将本品牌产品的风格和利益点充分展示出来。配合空间陈列，充分利用广告宣传品吸引消费者的注意。对特惠推广品可以运用不规则的陈列法，加强特价优待的意味。

易见易取原则。首先要"显而易见"。所谓显而易见，是指标签朝正面，且不被其他产品挡住，使消费者容易看见，遵循前低后高的原则。由产品自身向消费者最充分地展示、促销自己。商品陈列是最直接的销售手段，要做到让商品在货架上达到最佳的销售形式。

要使商品陈列让消费者显而易见，必须做到以下几点：

商品要正面或稍微倾斜地面向消费者，使其能看清楚。商品品名和贴有价格标签的商品要正面面向消费者，陈列器具、装饰品以及商品POP不要影响店内购物消费者的视线，也不要影响店内照明光线。

商品陈列位置符合消费者的购买习惯，对推销区和特价区的商品陈列要显著、醒目，使消费者明白商品所表达的信息。

商品不应摆在棚架里，而应向前整齐陈列着，并且中段以上商品采用直摆方式，下段商品则采用横摆、标签向上的方式。

价格标签应与商品相对应，位置正确。实践证明，商品价格标签位置对消费者挑选商品会产生积极影响。因此，规范打贴价格标签就显得十分重要。同时，价格标签位置的规范化，为门店提高收银速度创造了条件。打贴价格标签要注意以下几点：商品价格标签应打贴在商品正面的右上角，如遇到右上角有商品说明文字可打贴在右下角；罐头商品价格标签打贴在右上角，绝不允许打在罐盖上方，因为上方容易积灰尘，不便于整洁商品，特别是不畅销的商品；瓶装商品价格标签打贴在商品正面右上角，如酱油、油、酒等；商品因季节、时令调整价格时，必须将原价格标签撕掉，重新打贴价格标签，绝不允许同一种商品出现两种价格，以减少不必要的麻烦，减少门店收钱出现差错。

另外，商品陈列要方便消费者取放。消费者购物时都会先确认商品后再购买，容易取和容易买一样重要。这里特别提醒身高较高的小店业务员，不要将商品陈列过高，以致部分消费者拿不到商品，还有不能将带有盖子的箱子陈列在货架上，要考虑陈列的高度，以方便消费者随手可取。

先进先出原则。请参见上面的描述。

（3）基于消费者购买行为及心理的AIDCA陈列原则

合理的陈列起到展示商品、刺激销售、方便购买、节约空间、美化购物环境、减少库存的作用。据统计，门店如能正确运用商品的配置和陈列技术，销售额可以在原有基础上提高10%。所谓商品陈列的AIDCA原则即Attention 引起注意、Interest 产生兴趣、Desire 使其产生欲望、Conviction 使其确信、Action 使其下定决心购买，如下图所示。

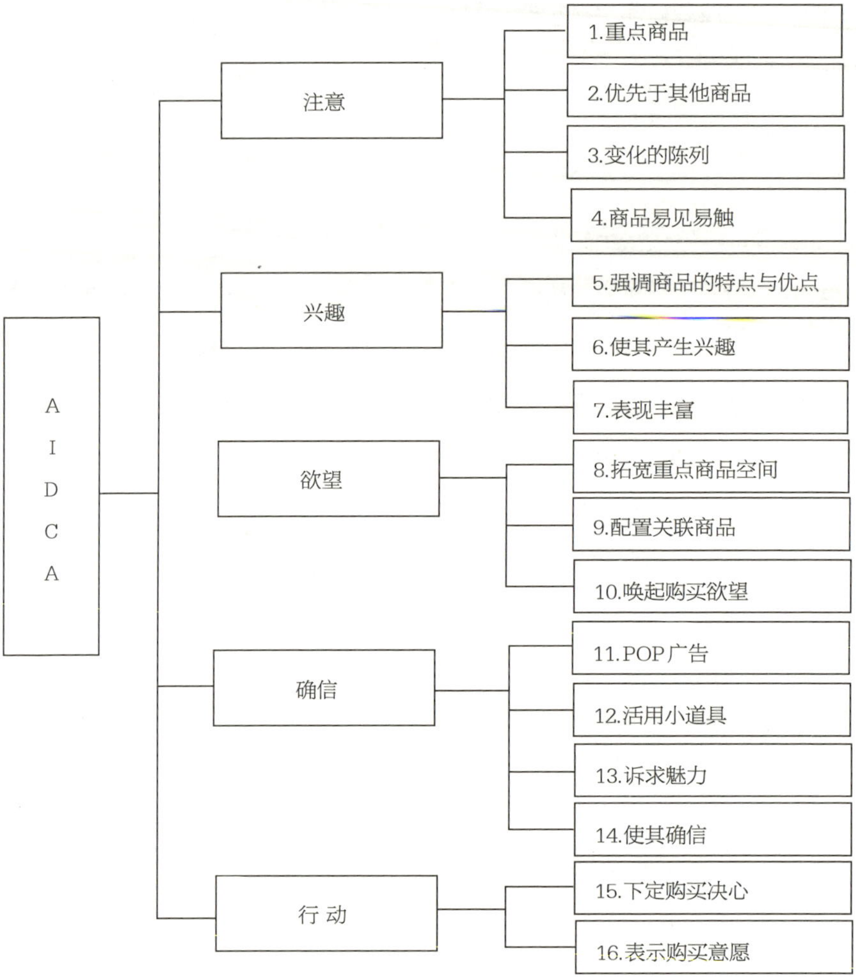

```
                                          ┌─ 1.重点商品
                                          ├─ 2.优先于其他商品
                            ┌─ 注意 ──────┤
                            │             ├─ 3.变化的陈列
                            │             └─ 4.商品易见易触
                            │             ┌─ 5.强调商品的特点与优点
                            ├─ 兴趣 ──────┼─ 6.使其产生兴趣
                            │             └─ 7.表现丰富
        ┌──────┐            │             ┌─ 8.拓宽重点商品空间
        │ A I  │            ├─ 欲望 ──────┼─ 9.配置关联商品
        │ D C  │────────────┤             └─ 10.唤起购买欲望
        │ A    │            │             ┌─ 11.POP广告
        └──────┘            ├─ 确信 ──────┼─ 12.活用小道具
                            │             ├─ 13.诉求魅力
                            │             └─ 14.使其确信
                            │             ┌─ 15.下定购买决心
                            └─ 行 动 ─────┤
                                          └─ 16.表示购买意愿
```

图3-5　商品陈列的AIDCA原则

5.陈列的基本方法

（1）陈列形式

对于小店业务员来说，最常见的陈列类型是横向陈列、纵向陈列、货架陈列、堆头陈列、割箱陈列。

表3-7 终端陈列形式表

分类	陈列形式	分类	陈列形式
依陈列设施分类	货架陈列	根据产品摆放样式分类	纵向陈列
	柜台陈列		横向陈列
	落地陈列		悬挂式陈列
	堆集陈列		堆头陈列
	专用陈列装置陈列		艺术造型陈列
依陈列物品分类	产品陈列	根据陈列氛围分类	简单陈列
	附属品陈列		生动化陈列
系列产品分类	产品档次陈列	根据产品包装分类	整箱陈列
	系列产品集中陈列		拆开包装箱单位产品陈列

横向陈列。将同类商品按水平方向陈列，消费者看清全部商品，需要往返好几次。横向陈列能把消费者诱导到深处，确定挑选商品时必须沿着陈列左右移动。但是此时黄金带（75—135厘米高度）以外的商品销售率会降低。

纵向陈列。将同类商品从上到下陈列在一个或一组货架内，消费者一次就能轻而易举地看清所有商品。纵向陈列将同一种类商品综合陈列，使消费者只要站立，视线上下移动，便能比较、选择商品。纵向陈列时，消费者以静止的状态选择商品，存在缺少丰富感、容易分心等缺点。因此，要慎重检查同一种商品的陈列宽度，最小的宽度也要确保在90厘米，依消费者视线与商品的距离来决定宽度。纵向陈列能使消费者产生购买冲动并提高购买的方便性。高价位或新推出的产品应放置在上层，以吸引注意力。每类产品至少有两个陈列面，且占有两层的陈列货架。

纵向陈列有两个优点。

第一，同类商品如果要横向陈列，消费者在挑选同类商品的不同品种时会感到不方便，因为人的视线上下移动比左右移动方便，横向陈列会使得陈列系统较乱，而纵向陈列会使同类产品成一个直线式的系列，体现商品的丰富感，起到很强的促销作用。

第二，同类商品垂直陈列，可平均享受到货架上各个不同段位（上、中、下）的销售利益，不至于产生由于同类商品横向陈列，商品处于同一段位，出现销售要么很好，要么很差的现象。同时，也不会出现由于同类商品横向陈列，造成其他类别商品所享受的货架段位的平均销售利益降低的情况，从而降低自己在终端货架陈列建设上的难度。

货架陈列。货架陈列对门店和企业都很重要。一般来讲，商店中80%的产品是经货架出售的，而76%的产品是经冲动购物的方式销售出去的。也就是说，货架对消费者的吸引力直接影响产品的销售。如何让货架更好地吸引消费者成为产品销售的主要经营技术和卖场规划的核心内容，货架所起的作用已远远超越了存储货物本身。从消费者进入商店开始，货架的规划和陈列便开始影响消费者。货架陈列有以下六个方面的作用：①帮助消费者了解产品；②方便消费者购买；③引导消费者购买；④刺激消费者购买；⑤突出品类的角色；⑥代表商店的形象。货架陈列是每个小店业务员的必修课，做好货架陈列基本就完成了销售任务的80%。

堆头陈列。一般分为立体陈列和堆集陈列两种形式。立体陈列是把产品摆放成各种不同的立体造型，使产品更加醒目和突出；堆集陈列常用于落地陈列，产品堆放成各种形状，如宝塔形、锥形、圆柱形、梯形、岛形等。

割箱陈列。即整箱陈列的一种形式，将成箱的产品进行不同组合，割成不同的形状和样式，以突出产品，吸引消费者，这也是每个小店业务员必须掌握的陈列技能。

（2）影响陈列效果的因素

陈列高度。陈列高度以视线相平、直视可见为好位，伸手可及、齐膝次之，归纳起来，产品陈列要做到日常用品靠门摆、美观商品迎门摆、大件易运、横竖成线、相关相邻、相影响者远、巧搭配、畅销者位置多调整、货位布局贵新奇。

表3-8 陈列位置对销售率的影响

位置	销售率	最佳货架高度
伸手可及换到齐膝的位置	-15%	与目标消费者眼睛视线相平高度
齐膝换到伸手可及	20%	齐腰到眼睛相平高度
从伸手可及换到直视可见	16%	齐腰水平位置
从直视可见换到齐膝	-30%	膝盖至腰的高度
从齐膝到直视可见	60%	膝盖以下
从直视可见换到伸手可及	-15%	

陈列位置。最佳陈列位置和陈列高度。

表3-9 最佳陈列位置

最佳陈列位置	
中间靠左的货架位置	人流量最大的通道,尤其是左边的货架位置
靠收银台的位置	货架两端或靠墙货架的转角处
离老板最近的位置	有出纳通道的入口或出口处
柜台上的位置	靠近大品牌的位置
与目标消费者视线尽量等高的货架	在畅销品的位置结合陈列主推产品

表3-10 最佳陈列高度

最佳陈列位置	男性	女性
最适合的高度(黄金段位)	85—135厘米	75—125厘米
一般的高度(白银段位)	70—85厘米,135—145厘米	60—75厘米,125—135厘米
比较不方便的高度	60—70厘米,145—180厘米	50—60厘米,135—165厘米
不适合售卖的高度(库存高度)	60厘米以下,180厘米以上	50厘米以下,165厘米以上

陈列色彩。色彩协调醒目可营造产品丰富、突出、富有品位和充满遐想的意境,形成企业深具实力的印象与陈列效果,常见的是增加照明、增加色彩两种方式。

(3)陈列的方法与技巧

产品陈列方法很多,常见的陈列方法有磁石点陈列法、分类陈列法、主题陈列法、盘式陈列法、岛式陈列法、突出陈列法、黄金段位陈列法、端头陈列法、量感陈列法。

磁石点陈列法。①顾客动线。所谓顾客动线其实就是顾客进入商场的流动曲线。商场商品陈列围绕顾客流动曲线布局，可以起到方便选购、延长购物时间、扩大关联产品销售的作用。商场顾客动线的关注点主要是主通道和副通道的设置：照明带，色彩的渐变，各柜台、专柜间距设置，随机购买商品和大件商品陈列点的选择。测算顾客流动量可以采取两种方法：一种是数学方法，根据商场的平面布局和楼层分布，划分各类通道的类别，从而确定不同商品的陈列点，这种方法在门店开业前商品陈列点选择较为常用。但是数学测算往往忽视了人们的行为习惯，导致测算误差较大的情况发生。另一种是实测法，即详细记录，统计各类通道的时点人流，从而确定商品、赠品陈列点，这种方法在商场日常经营中对陈列点的选择最为有效。②磁石点。磁石，就是指卖场中最能吸引顾客注意力的地方，磁石点就是顾客的注意点，要创造这种吸引力就必须依靠商品的配置技巧来实现。商品陈列中的磁石理论运用意义就在于卖场中最能吸引顾客注意力的地方配置合适的商品以促进销售，并且这种配置能引导顾客走遍整个卖场，最大限度地提高购买率，如下图所示：

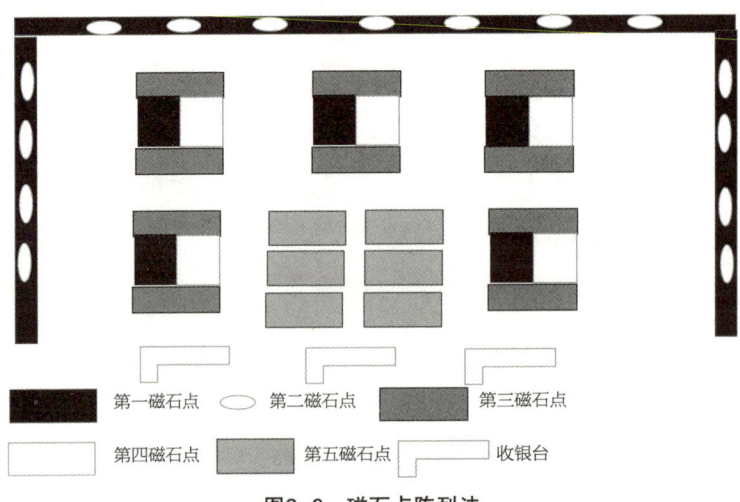

图3-6　磁石点陈列法

商品陈列布局是否合理，是一个超市最终能否得到消费者认可，企业是否能赢得市场的重点因素。商场的平面往往是一个矩形，最有号召力的商品应放在这个矩形的周边，即商场的三条边线。卖场内必须处处有卖点，以增加消费者在场内的滞留时间，增加商场的销售收入。具有卖点的商品一般购买频率高、时尚、季节性强，或者是主推产品、定制产品、高利润产品、特价产品、清仓换季产品等。超市的磁点有5个，不同的磁点应配置相应的商品。

表3-11　超市5个磁点配置商品

磁石点	店铺位置	配置要点	配置商品
第一磁石点	位于卖场中主通道的两侧，是消费者的必经之地，是商品销售最主要的位置	由于特殊的位置优势，不必刻意装饰体现即可达到很好的销售效果	主力商品；购买频率高的商品；采购力强的商品
第二磁石点	穿插在第一磁石点中间	有引导消费者走到卖场各个角落的任务，需要突出照明度及陈列装饰	流行商品；色泽鲜艳、容易抓住人眼球的商品；季节性很强的商品
第三磁石点	位于超市中央陈列货架两头的端架位置	是卖场中消费者接触频率最高的位置，盈利概率高，应重点配置，商品摆放三面朝外	特价商品；高利润商品；企业促销商品
第四磁石点	卖场中副通道的两侧	重点以单项商品来吸引消费者，需要在陈列方法和促销方式上刻意体现	热销商品；有意大量陈列的商品；广告宣传商品
第五磁石点	位于收银台前的中间卖场，非固定卖场	能够引起一定程度的消费者集中，烘托门店气氛，展销主体需要不断变化	用于大型展销、特卖活动或者节日促销的商品

分类陈列法。 凡是在陈列台、展示柜、吊架、平台橱柜的商品都属于分类陈列，因此在陈列时特别要注意显示商品的丰富感与特殊性。分类陈列占了小店卖场的最大比例，其主要目的是使商品陈列一目了然，方便消费者选择，不断促进商品销售。

主题陈列法。 新闻报道上有大主题、中主题、小主题等让人容易了解的编辑方式，在卖场上也同样有主题陈列，也称展示陈列，其种类有大主题陈列、中主题陈列、小主题陈列。①大主题陈列：多数展示在店面的橱窗、店内货架或柱子周围。介绍商店代表商品及最具魅力的商品，以"在这里，有某某商品"来诱导消费者。②中主题陈列：展示在陈列柜、壁面或推车上，能具体地了解在那里有某某商品。此外，中主题陈列必须表现出店内的立体感与消费者所期待的气氛。③小主题陈列：严格按照各品目陈列，同时可以利用POP广告进行宣传。

盘式陈列法（即割箱陈列）。即把非透明包装商品的包装箱上部切除，将包装箱的底部切下来作为商品陈列的托盘，以显示商品包装的促销效果。

岛式陈列法。主要在超大型超市使用，即在超级市场的进口处，运用陈列柜、平台、货柜等陈列工具，展示陈列商品。这种陈列能强调季节感、时鲜感、丰富感。

突出陈列法。即将商品放在篮子、车子、箱子、存物筐或突出延伸板内，陈列在相关商品的旁边销售，是超过通常陈列线、面向通道突出的方法。在运用突出陈列法时要注意：突出的高度适宜，既能引起消费者注意，又不能太高，以免影响货架上商品的销售效果；突出陈列的商品不宜太少，以免影响消费者正常行进路线；不宜在窄小的通道内做突出陈列，即使比较宽畅的通道，也不要配置占地面积较大的突出陈列商品，以免影响通道畅通。

黄金段位陈列法。提高门店日常销售最关键的是货架上黄金段位商品的销售能力，小店业务员要力争自己的产品摆放在黄金段位上。我国目前普遍使用的陈列货架高165—180厘米，长90—120厘米，在这种货架上最佳陈列位不是上段，而是处于上段和中段之间的段位，称为黄金段位。以165厘米高的货架为例，划分商品陈列段位：黄金陈列线的高度为75—135厘米，它是货架的第二、三层，是眼睛最容易看到、手最容易拿到商品的陈列位置，所以是最佳陈列位置。此位置一般用来陈列高利润商品、自有品牌商品、独家代理或经销的商品。其他两段位的陈列中，最上层通常陈列需要推荐的商品，

下层通常是销售周期进入衰退期的产品或低利润竞争性商品。将商品陈列位置按上、中、下顺序调换，销售额会发生如下变化：从下往上挪的销售一律上涨，从上往下挪的一律下降，当产品从最低层调到倒数第二层，销量可以提升30％，当从第二层调到黄金段位，销量可以提升60％。可见商品陈列高度对销量影响非常巨大，主销或主推商品应陈列于视线平行高度75—135厘米处。

端头陈列法。端头即货架两端，这是销售力极强的位置。端头陈列可以是单一品项，也可以是组合品项，后者效果更佳。端头组合陈列要注意，品项不宜过多，一般以5个品项为限，品项之间要有关联，绝对不可将无关联的商品陈列在同一端架内，在几个组合品项中可选择一个品项作为牺牲品，以低廉价格出售，目的是带动其他品项的销售。

量感陈列法。一般是指商品陈列数量的多少。目前这种观念正在发生变化，从只强调商品数量改变为注重陈列技巧，从而使消费者在视觉上感到商品很多。例如，所要陈列的商品是50件，那么通过量感陈列会让人觉得不止50件。所以量感陈列一方面是指"实际很少"，另一方面则是指"看起来很多"。量感陈列一般适用于食品杂货，以亲切、丰满、价格低廉、易挑选来吸引消费者，包括店内吊篮、店内岛、壁面敞开、铺面、平台、售货车、整箱大量陈列等形式。

（4）商品陈列的技术

关联商品陈列。提到关联商品陈列一定要讲"啤酒与尿不湿"的故事。

一间超市的老板一段时间发现啤酒和尿不湿的销量总是差不多，他分析发现，原来是做了父亲的年轻人经常在买了小孩尿不湿的同时顺手买了啤酒。于是，这家超市就把啤酒与尿不湿这两样风马牛不相及的商品摆放在了一起，关联销售。

商品的关联陈列能够有效刺激消费者随机购买欲望，增强卖场的灵活性，备受商家推崇。关联陈列的原则是将不同种类但是有互补作用的商品陈列在一起，运用商品之间的互补性，使消费者在购买A产品的同时顺便购买旁边的B或C产品。比如，在鸡翅旁边陈列炸鸡调料，在香皂旁边陈列香皂盒等。运用关联陈列的原则是：①陈列的商品必须是互补商品，打破种类的区别，尽可能体现消费者在生活中的原型，也就是一定要贴近生活；②相关商品应陈列在同一通道、同一方向、同一侧的不同货架上，不应陈列在同一组双面货架的两侧；③要结合现代化的管理手段，将看似没有关联的商品陈列在一起，从而促进门店的日常销售；④商品的关联关系有时会因为地域或季节的不同而有所不同，所以对于商品关联陈列运用一定要恰当。哪些产品有关联性，需要陈列在一起？你只要站在要买的东西附近问问自己：我在这里还想要点什么？就能推测出应该在毗邻的地方放什么。

季节性商品陈列。冬去春来，寒暑更替，随着季节的变化，人们吃穿用的商品也相应变化。商店在出售商品时，也应按季节的变化随时调整商品的陈列。季节性商品的陈列应在季前开始，商店应了解消费者的潜在需要，根据天气变化改变商品陈列。①春，商店应走在变季之前，及时将适合春季销售的商品，如时装、鞋帽等早早摆上柜台，将冬季的商品撤掉，春季商品陈列时以绿色为主色调，透出春的气息；②夏，应提前在4月、5月将夏季商品摆出来，夏天气候炎热，陈列商品时以冷色调为主色调，为保证通风，最好将商品挂起来，夏季是饮料消费的高峰期，要特别注意布置冷饮类商品的陈列，夏季商品可以向外扩展，在门厅或门前处较适宜；③秋，秋季商品应该在9月开始陈列，撤下夏装及夏凉用品，摆上适合秋季消费的商品，这时陈列与售货位置应从室外移向室内，秋天天高气爽，是收获的季节，商品陈列应以秋天的色调、景物作为背景，衬托出商品的用途；④冬，冬天天寒地冻，商店布置要使消费者感到温暖，陈列商品时突出应季商品。

相邻商品的陈列。如何规划好相邻的商品呢？①消费者最重要，对于一件商品，重要的不是门店老板认为它属于哪一类商品，而是消费者认为它属于哪一类商品，消费者希望便于比较和选择，考虑问题时，首先看它究竟和哪些商品比较像，潜在思路是这些商品之间具有直接的替代性；②同一品类的陈列，无论按照哪种设计陈列，都必须围绕消费者购物便利来进行，考虑消费者按照什么样的程序来选择商品，这才是最重要的；③品牌的重要性和所属的品类有很大关系，以洗发水和大米为例，消费者对洗发水的品牌偏好影响了对产品的选择，而消费者对大米品牌的关注低于对大米产地和大米品质的关注，大米品牌的重要性就较低。

（5）商品陈列的表现手法

表3-12　陈列目的、陈列背景表现法

表现方法	详细分类	备注
陈列目的表现法	表现廉价来提升销售的方法	表现廉价的方法很多，比如活用推车堆积，陈列效果较大
	表现高级感来提升销售的方法	为了表现高级感，活用比商品格调高的器具，更要设法表现该商品的使用状态
	表现丰富感来提升销售的方法	在商品数量不足时，活用空盒子作表面功夫，设法使陈列量看起来较丰富，并且在陈列柜上方多用海报，表现出热闹的丰富感
	表现稳重气息来提升销售的方法	将整体营造出井然有序的态势。例如像富士山形，左右对照地陈列，能形成稳重气息。
	表现爆炸性的方法	在表现时，忽视基本的陈列是危险的，仍需将有序陈列的一部分加以某种程度的变形，应设法利用POP广告、色彩、小道具等
	表现快乐性的方法	这种表现利用色彩、动态等方法最具效果。
陈列背景表现法	不要太醒目	背景色彩若比主角商品醒目，商品就会变得不起眼，因此背景色彩必须比商品色明度、彩度都低才行
	不使用补色	背景颜色与商品的色彩成补色时，双方色彩各有主张而成为强烈的刺激，因此不要使用补色
	选择商品同系统的色调	为明确地显示商品的色彩，使用与商品同系统且明度较低的色彩较好
	一般使用冷色	在商品多样的情形下，一般选择低明度、彩度的冷色为背景，乳白、象牙白、灰色等使用较多

表3-13　陈列装饰配色法

陈列装饰配色法	细节
明度顺序与色相顺序配色	某商品群若只有白色、灰色、黑色时，则依照白色、淡灰色、清灰色、黑色等，按明度顺度排列较好。此外若有色彩和各种色相的商品时，则从红色，依色相环的顺序陈列，看起来比较有美感与亮丽感
同色配色	同色配色并非依照色相环的顺序陈列，而是以某一色为中心，收集同色配色的情形，这种方法对喜欢该色的消费者产生相当大的吸引力，陈列效果较好。但是，如果仅用相同的色彩则显得太单调，选其中一两项商品的对照色来陈列，就可带来变化效果
类色配色	色相环上相近的配色，因太相似的色彩组合而缺少效果，特别是低明度的商品组合与低彩度的商品组合，会给人以庸俗的感觉。反之，高明度的组合会让人感到轻浮而模糊，这点要特别注意
类似色配色	类色旁边的颜色是类似色，如红与黄、青与紫等类似色的组合，是非常平均的配色。红、橙、黄等3色组合，蓝、紫蓝、紫等色彩组合
异色配色	青和紫红、红和黄绿，在色相环上跳2格的色彩组合为异色，这种配色是让人感到自然容易接受的组合。特别是红、黄绿、蓝或橙、绿、紫蓝等3色组合，还有黄、青绿、紫，黄绿、青、紫红的3色异色配色法，给人鲜明的印象
补色配色	补色是色相环相对位置上的色彩，因此色差大，互相强调各自色彩主张。其中红和青绿的补色让人感受到热情，橙与蓝色的补色给人男性化的感受，黄与紫蓝给人明朗的感觉
准补色配色	红与绿、蓝与黄等是补色前面的准备色，其配色成为非常华丽的组合
无色彩和有色彩配色	无色彩与有色彩的组合情形最好是以"明度"为中心来进行配色。因此，明度（明亮感）差距愈大，愈能有强烈的感受，能强调具有色彩的感觉。明度相近纯粹色彩的组合，能强调摩登的感受
象征季节的色彩	表现春、夏、秋、冬四季不同的感觉

表3-14　陈列季节表现法

季节	颜色	联想	色彩效果
春	黄绿色 粉红色 淡黄色	嫩叶、嫩草、桃花、樱花	晦暗的冬天过去了，春天来了，融合柔和、妩媚的感觉来表现较好，此外最好用明亮、柔和的颜色
夏	水蓝色 蓝绿色	海洋、天空、水、叶、草原	对比强烈的配色比较符合这个季节，可以调和明度、彩度皆高的色彩，也可以冷色系为主

续表

季节	颜色	联想	色彩效果
秋	黄色 米黄色 茶色	月、枯草、土地	空气澄静、果实成熟的季节，稳重、丰富感的色彩较好，紫、紫红、鲜绿也不错
冬	红色 白色 灰色	圣诞节、雪、云	因为是寒冷的季节，所以使用暖色较好，一般来说大多使用彩度低的颜色，为强调重点则使用纯色较具效果

（6）商品陈列的位置设计

表3-15-1　商品在门店面积的分配

商品部门	面积比例
水果蔬菜	10%—15%
肉食品	15%—20%
日配品	15%
一般食品	10%
粮果饼干	10%
调味品与南北货	15%
小百货与洗涤用品	15%
其他用品	10%

表3-15-2　商品在门店陈列位置布局

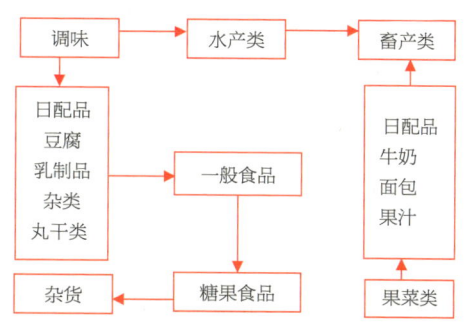

表3-16　商品在货架上陈列

段位	摆放商品
上段	轻、小商品，能够给消费者带来利益的商品，给人看的商品
中段	差别化商品，高价位商品，高利润商品
下段	廉价商品，高回转率商品，大型商品，重的商品

将特价品放在下段贩卖一定要挂POP，以提示消费者。

商品陈列技巧包括分好类、排好队、归好堆、论好辈这四个方面。

分好类。商品分类以小店所在位置为轴，根据小店所服务消费者为中心，这也是分好类的第一个原则，首先找出到小店购买商品人群的最大公约数，针对最大公约数人群消费的特点，也就是要瞄准目标消费者，以目标消费者确定商店及商品定位。其次要落到实处。举一个例子，在对调味品分类时，一种是以商品形态来分，分为调味料、调味汁、调味酱，另一种是以用途来分，分为基本调味品、辅助调味品、菜谱调料、火锅调料、汤料，后者更多体现以消费者为中心的分类原则。第二个原则是考虑管理因素，在兼顾管理因素（更多地考虑商品属性）和消费者导向时，第一是消费者导向优先，第二是在消费者导向与管理因素之间取得平衡。例如冷冻食品是按照冷链管理要求来分类的，这样既兼顾了商品属性，也兼顾了消费性，但更多地考虑了冷链现场管理、成本管理。第三个原则是考虑同维度排他性，即同一维度的分类标准应尽量简洁，最好使用同一标准。同一维度标准越多，越容易出现相互交叉，以致引起混乱。第四个原则是名称定义准确，商品分类的名称一定要定义准确，例如针对麦片和糊类商品而言，使用"冲饮简餐"就比"早餐食品"要准确。

排好队。即如何组合商品，把商品组合的逻辑解释清楚，商品组合是通过因素和水平的线性组合实现的，商品组合与排队很相似，部队一个排的队列一样，排长首先找到本排的班长，然后按数字升序（一班、二班）从左至右排好，这里的班长类似商品组合的因素，商品组合的因素是按消费者购物决策树确定的。购物决策树是消费者购物时考虑的三个方面：商品的使用价值，买实用；商品本身的价值，买性价比；消费者的喜好，买喜欢。因素排序之后就要进行水平排队，班长找到本班战士，按照身高从矮到高的顺序，从左至右、从前至后排列。这里的战士就类似于商品组合的水平，商品组合的水平是按市场占有率从大至小的顺序来确定的。简单来说排好队其实就是把分类后的产品按照属性、功用、品牌、规格、色彩进行排序，或由高到低、由大到小，或由轻到重等排序。

归好堆。简化因素，在删繁就简的基础上抓住重点，即我们在终端如何选择打堆的产品。使用的方法是20/80法则，也叫帕累托法则。首先按照购物决策树从功用、价值、喜好三方面进行简化，一般的做法是按照品牌、功能、规格进行简化，这是横向简化，然后按照品牌、功能、规格在市场的占有率进行排序，再使用20/80法则进行纵向简化。简而言之，选出在当前门店企业和终端都想卖、愿意卖并被终端消费者接受的产品，并做好归堆。

论好辈。这部分有四个方面的内容：论好品项的数量，论好组合的深浅，论好优化的效果，论好内外的对比。所谓论好辈就是优化结构，简单来说就是选好品项、选好组合、选好效果、做好对比。

（7）如何突破陈列的困境

由于小店陈列位置较少，所以很难争取到好的陈列位置和满意的陈列空间，如何改变这种困境呢？

补偿终端业务利润。主要是加大批、零之间的差价，扩大销售提成比例或其他额外补助，如陈列费用补贴。

借势陈列。产品没有好的陈列位置和足够的陈列空间，巧妙运用借势陈列是突破困境的方法之一，如利用促销事件、消费者心理、相关产品、旺销产品、弱势产品等。

拦截引导。在争取不到好位置时，可采取拦截引导的方法，将消费者导向你的货位。主要方法有人员拦截、视觉引导、场外设点销售。人员拦截，营销人员在卖场入口派送有吸引力的小赠品、宣传品或优惠卡，介绍产品并告知消费者产品陈列位置，或直接将消费者领到产品所在位置；视觉引导，在卖场空闲位置设置指示牌、地贴、指示灯、海报等，或在货位上方悬挂灯箱、彩色气球等引导消费者到货架前；场外设点销售，在卖场外设置临时性展销点，展示宣传并销售产品，发放优惠卡等。

设置专用陈列装置。在同行或卖场不看重的位置放置特别设计制作的专用陈列装置，比如在空地、墙壁、天花板等位置装设富有吸引力的专用陈列设施，在圣诞树上悬挂蛋糕模型，在天花板上垂下一只可爱的金丝猴模型，它手上提着一篮水果，在墙壁上伸出一只超人手臂，拿着一支嗒嗒响的冲锋枪，在店门外设置专用自动售卖机等。

争取顶层货架。顶层货架一般不被看重，可以争取顶层位置，放置多层包装箱或产品模型，告诉消费者"我在这儿"。

争取好的广告位。如在货架两头悬挂指示牌、宣传画等。在售货员或小店老板的服装上做产品广告。

六、停留服务

终端停留服务是小店业务员最核心的工作内容，因为无论是商品的销售、品牌形象的建立，还是企业的战略、策略及战术标准的落地，都必须依托小店业务员的停留服务实现，所有务虚工作在此之后才变成务实内容。停留服务的好坏，不仅关系到销售的好坏，还关系到生意的好坏和长久持续发展。停留服务是生意质量的源头，停留服务是一切营销活动的开始，也是一切的结束。

终端停留服务即小店业务员拜访小店时的服务内容，分为八个步骤，依次为打招呼、整理货架、盘点库存、建议订单、打价上货、做陈列堆头、张贴广宣品、道别收钱。必须强调的是在日常的门店拜访过程中这八个步骤缺一不可，同时不可以变更顺序。因为缺少一个步骤都无法实现对终端的完整服务，每变换一个顺序都会影响服务质量和拜访效率。

1. 打招呼

进店之前要和门店老板打招呼，根据客情的程度，打招呼的方式可以千变万化。对于客情好的老板，一个眼神或一个动作就是打了招呼。在打招呼环节要实现以下几个目标：第一要让终端老板知道你来了；第二要让终端老板知道你是谁、你是做什么的；第三要让终端老板同意你查看或整理货架。下面介绍一下陌生门店打招呼的方式。

（1）开门见山法

直接表明身份，阐述目的。标准话术："你好，老板，我是×××（服务企业）业务员，销售×××产品，我叫×××。以后关于×××产品的销售与服务将会由我负责，这是我的名片（递名片或贴拜访卡）。"

（2）拉家常法

和门店老板拉家常，比如就孩子教育、老板感兴趣的话题、社会热点新闻和老板聊天，再正式向老板打招呼。

（3）购物消费沟通法

先在门店购买水、烟，或者发根烟给老板，再和老板进行打招呼，洽谈。

（4）见缝插针帮忙法

先帮助门店老板干活或售卖，等老板空闲时再打招呼洽谈。

无论哪一种方法，第一次拜访务必给客户留下良好印象，这点至关重要。第一印象可以保持很长时间，一旦形成第一印象，再要改变需要花费很多的时间和精力。

绝不允许打招呼时直接进入主题，给终端建议订单，因为没有服务的销售行为是对客户最大的不尊重，也是对自己不负责任的行为。

2. 整理货架

成功而科学的理货能够刺激消费者需求，促进购买，最终提升产品销量及品牌形象。

理货是每一个业务人员的必修课，也是业务人员从平凡走向卓越的必经之路。

整理货架是一门学问，更是一门艺术，整理货架是拜访步骤中最关键一环，绝不可失。从不整理终端货架的小店业务员，绝不是一个合格的业务员。卓越的业务人员不一定善于言辞，但一定会理货。理货表面理的是货，其实理的是订单，理的是客户的心。表面上是给终端理货，其实是给自己理货，为未来理货。

（1）整理货架的主要工作

整理货架的主要工作包括五个方面：货架及产品清洁、产品摆放与陈列、检查商品质量、检查商品价签、竞品信息收集记录。

货架及产品清洁。随时清洁门店内自己产品的货架、商品。一般采用擦拭、掸扫等方式清除商品表面灰尘，保持商品清洁。

产品摆放与陈列。整理商品要尽量按照企业的陈列标准进行整理，整理的过程中要及时将后排的商品移至前排补足空缺，将商品标志向外，保证排面整齐，对准价格标签，方便消费者了解选购。整理的原则请参看下面的小节，陈列技巧请参看上一小节关于商品陈列部分。

检查商品质量。查找变质、破包、残损、过期等问题商品，并及时处理。对不符合销售标准的商品应立即下架，调换合格品，特别注意临期品及过期产品。

检查商品价签。首先，检查价格标签有没有且是否清楚，没有价签的制作价签，不清晰的重新标识。其次，检查价签是否正确。最后，检查标签是否与商品相对应。

竞品信息收集记录。记录自己商品及竞品商品的数量、生产日期、价格、陈列及促销活动信息。

（2）整理货架的原则及技巧

整理货架的原则

整洁方便性原则。所有陈列产品整齐、清洁、美观。落满灰尘的产品是没有人愿意购买的，脏乱不堪的产品只会让消费者望而却步。理货的目的之一就是让企业的产品更容易被消费者拿到，所以要将产品放在让消费者最方便、最容易拿取的位置，根据目标消费者的年纪、身高进行有效陈列。如儿童产品就应放在1米以下，老年产品不能放太高也不能放太低。

最大化原则。理货就是一场发生在货架上的没有硝烟的战争，是阵地的争夺战，事关生死。要尽可能地增加货架上陈列的产品数量，才会增加消费者购买产品的概率。

全品项原则。尽可能多地把企业的产品全品项分类陈列在一个货架或货柜上，既满足不同消费者的需求，提升销量，又可强化企业形象，增强产品的影响力。

垂直集中展示原则。让企业所有规格和品种的产品集中展示，除非终端有特殊要求，否则绝不要把产品分散陈列，每次去终端都要把混入企业产品中的其他品牌产品清除出来。垂直集中陈列可以吸引消费者的视线，这样陈列符合人们的习惯视线，而且容易做出生动有效的陈列面。

满陈列原则。在理货过程中，一定要让企业产品摆满货架，做到满陈列，这样既可以增加产品展示的饱满度和可见度，又可以防止陈列位置被其他产品挤占。

重点突出醒目原则。在一个堆头或陈列架上，陈列产品除了全品项和最大化外，一定要突出主打产品的位置，这样才能主次分明，让消费者一目了然。标示清楚、醒目的价签是增加购买的动力之一。这样既可增加产品陈列的醒目宣传告示效果，又让消费者买得明白，可与同类产品价格进行比较，还写出特价和折扣数字以吸引消费者。

美观统一性原则。整齐、统一、美观给消费者一种规范的感觉，这也是理货工作的要点之一。所以，要将企业的产品标签统一标注清楚，且将商标正面朝向消费者，以达到整齐划一、美观醒目的展示效果。

动感性原则。在满陈列的基础上要有意拿掉货架最外层陈列的几个产品，这样既有利于消费者拿取，又可显示产品良好的销售状况。

先进先出原则。按出厂日期，将先出厂日期产品摆在最外一层，最近出厂的摆在里面，避免产品滞留过期。专架、堆头的货物，至少每两个星期翻动一次，把先出厂的产品放在外面。

最低储量原则。要随时掌握终端的库存情况，确保店内库存产品的品种和规格不低于安全库存线。安全库存＝日均销量×补货所需天数。

整理货架的技巧

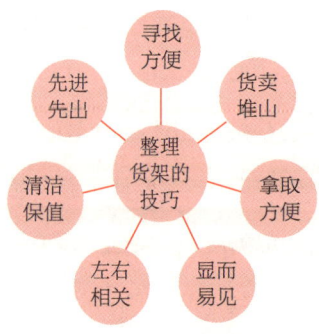

图3-7　整理货架的技巧

寻找方便。要方便消费者寻找，可以悬挂指示牌，或者悬挂张贴海报，在入品处安置区域分布图等。

显而易见。要让消费者方便看见、看清商品。商品陈列是为了使商品的存在、款式、规格、价钱等在消费者眼里显而易见。使商品显而易见需做好以下几点：①为了让消费者注意到商品，陈列商品首先要"正面朝外"；②不能用一种商品挡住另外一种商品，即便用热销商品挡住冷门商品也不行，消费者无法看见，还何谈销售；③陈列在货架下层的商品不易被看见，所以要把货架下层的商品倾斜陈列，这样一方便消费者看见，二方便消费者拿取；④找到一个消费者能一眼看到的位置；⑤要使用色彩搭配（具体见上一小节），使商品醒目，吸引消费者购买。

拿取方便。商品陈列不仅要方便消费者拿，还要方便消费者放。因此要注意以下几点：①摆放高度尽量不要超过180厘米，这样方便消费者拿也能保证安全；②商品之间的距离一般在2—3厘米为宜，商品与上段货架隔板之间以可放一个手指的距离为佳，这样方便消费者拿取；③货架层与层之间有足够的间隔，最好能容下一只手轻易进出，太宽会令消费者产生商品不够丰富的错觉；④易碎商品陈列高度不能超过消费者胸部，陈列太高消费者会担心摔碎后要赔偿，所以不放心去拿取观看，这样就阻碍了商品的销售；⑤重量大的不能放高处，在放低处；⑥鱼、肉等生、熟食制品要为消费者准备夹子、一次性手套等。

货卖堆山。让消费者看到满满的货架商品，打折特价的商品更是在一个独立的空间堆放如山，因为大量摆放、品种繁多更能吸引消费者的注意，激发购买欲望。

先进先出。把先进的、陈列在里面的商品摆放在外面，并注意商品是否有灰尘，如果有，立即擦拭掉。

左右相关。即关联陈列，把相关联的产品放在一起陈列，一般按消费者的思考习惯陈列。消费者对食品的要求是卫生第一，所以一些化学品要远离食物。

清洁保值。清洁是消费者的最基本需求，必须保持商品、柜台、货架、地面、绿植、饰品的清洁，特别是在一些特殊时间，比如流感爆发季节，做好消毒和清洁工作，为消费者打造一个安心的购买环境。

3. 盘点库存

盘点库存可以让业务人员清晰地了解自己及竞品产品在门店的销售情况，掌握门店经营状况，通过库存变换情况，准确找到受消费者认可的畅销产品。盘点库存是检视整个战场的过程，让业务人员直接在阵地上感受"炮火"的猛烈程度、敌人战力的强弱，检验战术打法。另外，整理货架和盘点库存最重要的是为建议订单提供依据并做好铺垫。

盘点库存时，除了盘点己方库存还要盘点竞品库存。盘点内容包括：双方重点商品的数量、日期、货损情况、存放位置、价格、促销形式等。对商品现有库存、竞品库存、促销品库存、临期货库存、季节性库存进行盘点。盘点库存最重要的动作是记录及计算（也包括对竞品），必须对每个客户的库存进行记录并登记，根据其库存数量、拜访周期内预计销量、安全库存数等计算其应进的产品数量。同时，记录下其临期库存数量、竞品库存信息，这些信息对建议订单的签订大有助益。

盘点库存有以下原则及技巧：

盘点原则是真实、准确、完整、清楚。

盘点方向从左到右、从上到下。

盘点时合理摆放商品，不堵塞通道，以保证出入库方便。商品面向通道，方便拿取，根据商品的出库频率选定商品摆放的位置。出货、进货频率高的商品应放在靠近入口、易于拿放的位置；流动性差的商品放在离出入口较远的地方；季节性商品依其特性选择位置，也可以根据商品类别区别摆放。

盘点商品时注意己方产品摆放位置，尽量避光、防潮、防虫害、防水、防冻、防火、防盗等。对于有安全隐患的，及时提醒老板并做出相应调整。

4. 建议订单

建议订单无疑是八个步骤中最关键的一步，其他步骤都是在为这个步骤做准备工作。这个步骤直接关系到所有工作的成果产出，所以必须详细讲解，这对小店业务员来说就是吃饱饭的本事。故此，我们将建议订单单列，在下个小节系统、明晰地讲解。

5. 打价上货

建议订单完成以后，就需要根据客户的订单进行下货，并请客户清点核对，然后给货物打价上货。打价上货是非常重要的一步，打价可以方便消费者购买，也是维护价格体系的一个非常重要且保持主动的手段，要尽量在每一个SKU[①]的产品上打价，而不仅仅只是打价格标签。很多业务员对给每个陈列出来的产品打价不理解，认为太麻烦，但是这是维护价格体系最可靠的手段。上货是为了保证产品的丰满，最大化的陈列，强化阵地。

6. 做陈列堆头

这个部分请参照上面陈列部分的内容。

7. 张贴广宣品

张贴广宣品非常重要，这是吸引及引导消费者最重要的一个环节。小店

---

① 库存保有单位。

位置有限，因此要见缝插针地张贴广宣品。广宣品最好与产品相匹配，布局协调，引人注意。一定要有气势、有焦点，整洁干净，牢固美观。为了使广宣品不被竞品覆盖，且长期悬挂，建议选择最高点，在别人不容易张贴的地方下手，效果更好。

8. 道别收钱

这是门店拜访的最后一个步骤，完成上述七个步骤之后，要向老板收钱，然后告别，同时告知下一次拜访时间，记录门店老板的客诉及问题，能当场回复的马上回复解决，不能马上回复的要定出回复时间，对做不到的要委婉拒绝。道别是一次拜访的结束，是下次拜访的开始。

七、售后服务

什么是售后服务？简言之，就是兑现承诺，比拼人品的时候。针对小店的售后服务包括以下几个方面：退换货及临期产品的处理，之前承诺的兑现，针对小店问题的记录、回复与处理等。

如何帮助小店解决退换货与临期产品？方法一，找到下水道，建立固定处理退换货及临期产品的渠道，比如某些专门收临期产品的二批商或封闭渠道，将过期及破损产品回收处理，减少损失。方法二，收集退换货及临期产品，利用集市在商超或相关门店开展定点定时的促销活动。

在处理退换货及临期产品时，要和客户商讨出一个双赢的处理方式，在帮助客户的同时也要让客户帮助我们，比如进一批新货、固化陈列位，或做个特陈等。最好的办法是建立预警机制，通过拜访服务让临期及过期产品不要出现。

对小店的承诺一定要无条件兑现，只要是答应客户的无论如何都要做到，要么不承诺，承诺的就一定要做到。诚信是取得别人信任的唯一途径。针对终端小店提出来的问题与要求，要耐心解答与回复，即使无法解决也要诚实地告知客户结果，诚实与诚信是做好售后服务的第一法则。另外，要把客户的要求与问题用笔记本记下来，一是体现对客户的尊重，二是可以帮助记下客户的问题，在下次拜访时给客户一个明确的答复。

售后服务是门店拜访的结束，却是取得客户信任的开始。做好售后服务，是迈向卓越的起点。

八、产品促销

当业务员将产品通过服务和拜访作业卖进终端以后，最重要的是帮助终端小店销售出去，这样才能形成良性循环。如何帮助终端把产品销售出去呢？促销是一个很好的方法。促销是解决消费者愿意买的最好方式。小店促销，第一是选点，首先根据销售目的与目标选择最有代表性的门店，其次选择门店内外最好的位置，再次选择消费者可参与、体验的互动式促销，最后促销地点及促销主题一定是固化、可持续优化的。小店业务员要盯着促销在固定的时间、固定的地点，以可持续的主题，按照标准执行。

以上是车销作业模式下小店业务员的八要素与门店拜访八步骤。对于小店业务员来说，就是围绕这八个要素和八个步骤开展工作。为方便大家记住这个八个要素，请背诵下列作业歌：

要想车销业绩好，八点要素要记牢。

第一车销装载品项全，第二装车时间须提前。

第三出车时间看季节，第四车销线路有规律。

第五特陈服务按标准，第六停留服务要到位。

第七售后服务要周到，第八产品促销盯时点。

要想车销工资高，八个步骤不可少：

访前准备要充分，笑打招呼勤问好。

进店先把活儿找，整理货架本领高。

忙前忙后把货找，查记库存很重要。

活用话术套餐表，建议订单活用脑。

快速下货点货好，及时上架打价标。

固化阵地翻堆头，抢占位置陈列妙。

海报爆贴易拉宝，满仓满谷不嫌少，

道别收钱顺带脚，客诉回复定时表。

相对于服务型车销作业来说，服务型预售作业因为不是随车拜访，所以就没有车销装载量、装车时间两个要素，但是其余内容都是相同的。

服务型预售作业主要包括六要素：作业时间、作业线路、特陈服务、停留服务、售后服务、产品促销。服务型预售作业的八个步骤依次为：打招呼、整理货架、盘点库存、打价上货、陈列翻堆、张贴广宣品、建议订单、道别告知下次时间。

从上述六要素与八步骤可以看出，服务型预售与车销在作业层面上区别不大，作业要素方面少了两个要素，八个步骤方面建议订单由第四步变为第七步，其他基本没有变化与区别，因此就不再一一展开阐述了。

第二节　小店业务员作业必备技能 ▶▶

在读这一小节的内容之前，请你务必学习前面的内容，因为没有基础技就绝没有必杀技，任何武功招数如果没有苦练基本功都不可能练成必杀技。

在小店业务员终端拜访八步骤中，建议订单是比较特殊的一步，因为它是小店业务员全部工作产出成果的关键。其他要素和步骤都要通过这一步来加以检验，也只有通过这一步才能放大它们的价值与意义，实现最终目标——达成订单。可以说建议订单就是小店业务员的看家本领，工作成败完全取决于此，是小店业务员的必杀技。

建议订单，"建议"两个字很重要，它先是理性，再是感性的。它强调的不是向老板卖货，而是向老板建议。其中的区别是一个从自己角度出发，一个是从小店老板角度出发，立场不一样。小店业务员一定要站在小店老板的角度考虑问题，同时站在生意的高度，用小店老板容易接受的方式，推销及建议订单。

建议订单表面上卖的是商品，细到血肉里卖的是专业和服务，真正骨子里卖的是人品，深入灵魂的其实是信任。建议订单就是从客户的角度，站在生意的高度，用专业的服务、可靠的人品赢取客户信任的过程。这不是一次性交易，而是一个持续的过程，诚信与服务是合作的基石。

建议订单的方法有很多，看过太多拿订单的技巧，我承认这其中会有斗智斗勇的成分，但是那些绝不是全部内容。对于小店业务员来说，不是研究用什么方法去对付客户，而是研究用什么方法帮助客户，千万不要本末倒置。这一点非常重要，请每个小店业务员切记。一个卓越的业务员，不一定是能说会道的人，但一定是动手能力强、人品高尚、有很强的服务精神的人。所以下面虽然会介绍给大家建议订单的方法，但是这些都只是术的层面，永远不要忘记道的存在。

一、建议订单前的准备

绝不做无准备的建议订单，这是对客户的不尊重，也是对自己的不负责任。我看过太多小店业务员到了小店什么都不做，什么都不准备，上来就问老板要不要货。他们得到的答案只能是"不要"，然后去拜访下一家。这样的业务人员和无头苍蝇没有区别，每天都在碰运气，在当前市场环境下，他们的命运可想而知。那么在建议订单前要做好哪些准备呢？基本上要做到知己知彼、服务价值，具体如下：

表3-17　建议订单前的准备工作

项目	准备内容	准备环节	准备程度	用途
知己	产品知识及促销话术	拜访前	倒背如流，融会贯通	产品介绍
	产品套餐政策	拜访前	倒背如流，融会贯通	进货好处介绍
	产品促销政策	拜访前	倒背如流，融会贯通	产品介绍
	过往销售数据	拜访前	倒背如流，融会贯通	产品介绍
	产品货架及库存信息	整理货架及盘点库存期间	大胆推演，精确计算	规划补货计划
知彼	竞品信息	整理货架及盘点库存期间	记录、背诵、统计、分析，找出弱点	赢得竞品
服务	上次承诺兑现信息	拜访前	兑现	争取信任
	上次问题的反馈	拜访前	如实反馈	争取信任
	整理货架	拜访中	细致认真	打动客户
	盘点库存	拜访中	细致认真	知己知彼
价值	资源投入政策	拜访前	仔细衡量，认真检核	利导客户
工具	手机（计算器、相机），笔记本，订单	拜访前	随身携带	支持

二、建议订单的技巧

建议订单的技巧非常之多，总体来说包括四个方面：给客户留下良好印象的技巧、沟通的技巧、倾听的技巧、说服客户的技巧。

1. 给客户留下良好印象的技巧

（1）学会微笑

用微笑敲开客户的心门，让声音都带出温暖的笑意，笑容和声音是业务人员亲和力的两面旗子。微笑是最强有力的武器，在与客户交流时，如果能充分发挥这个优势，那么每个人都能做到最好。微笑能够营造融洽的谈话氛围，微笑是一种无声的语言，微笑可以向客户表达关心之情，所以建议订单从学会微笑开始。当一个业务员真正学会微笑的时候，就向成功迈出了一大步，成功的业务人员必须先学会在说话的同时保持微笑。笑是一种造势手段，一个微笑可以得到客户的信任，可以打破僵局，在特定场合可以制造奇迹。发自内心的微笑，任何人看到都会感到温暖。

（2）学会说话

说话是一门艺术，十分讲究技巧，要注意语速、语调的控制，只有将语速和语调配合好，才能给客户留下深刻印象。

（3）最重要的是真诚

及时展现你的真诚，至少让客户不排斥你。销售技巧固然重要，但取代不了销售态度，为客户介绍己方情况的时候要以诚相待，时时刻刻关心客户，为其着想，尤其在人际交往的一些细节上，用语言去悉心关照对方。小店业务员在推销过程中经常会遇到客户冷漠的面孔，这是正常现象，因为客户还不信任你，这时更要表现出诚意，让对方意识到你是真心帮助他。收敛起小聪明，不要和客户耍小聪明，更不可以蒙骗客户，要建立长久的伙伴关系，一定要真诚对待客户。

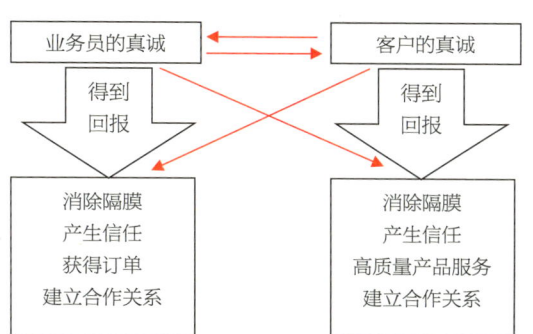

图3-8 业务员与客户真诚交流的收获

（4）尊重客户，表现出对客户的重视

尊重客户不是体现在某一段时间，而是体现在整个销售过程中。无论客户是大还是小，是否和你进行交易，都要重视起来并心怀感激，对客户的失误、过错表示理解，并想办法帮其解决问题，让客户从心里感激你。尊重客户是销售的前提与基础，在建议订单的过程中可以多使用表示尊重的措辞，比如用尊称。另外，充分考虑客户的立场，围绕客户展开话题，根据客户的性格调整自己的表达方式。但尊重客户不是巴结奉承，在向客户表达尊敬之意的同时，一定要掌握分寸，不要让对方感觉你意图不良。尊重建立在平等的基础上，业务员尊重客户的同时也要有原则，不能为了满足客户而过度妥协，否则就失去了交流或谈判的基础。

（5）注意礼仪与自我形象

给客户以专业营销人员的形象，最好穿工作服。服饰美，和谐、大方、整洁；修饰美，美观、讲究个人卫生；举止美，言谈清晰文雅，举止落落大方，态度热情稳重，动作干净利落；情绪美，热情洋溢，精力充沛。

2. 沟通的技巧

（1）关注需求，找出客户的兴趣点，提供全程贴心式服务

客户需求是小店业务员建议订单的中心点，在建议订单过程中无论业务员如何说、说什么，都必须紧紧围绕这个中心点展开。关注客户就要时时刻刻以对方需求为导向，只有关注需求、掌握需求，才可能真正地做到让客户

满意，从而实现引导客户购买的目的。

小店业务员要清晰地了解小店的需求，根据其需求来建议订单。小店有三个基本需求：安全、赚钱、好卖。所以向小店店主建议订单要围绕这三个方面来进行：①保证产品品质，同时承诺退换货服务，让小店店主没有后顾之忧；②会算账，除了给小店店主提供有比较好利润空间的产品之外，还要帮忙算账，不是让他买便宜，而是买占便宜的感觉；③产品好卖，能给小店带来客流或人气。

（2）准确说出客户的名字

每个人都希望得到别人的重视，重视别人的名字就如同重视其本人一样。见了几次面还经常叫错别人的名字，甚至忘记客户的名称，只能给人以可有可无、不受重视的感觉。小店业务人员流利、准确、亲切、恭敬地叫出客户的名字或头衔，能拉近与客户的心理距离。专业的营销人员应密切注意客户的闪光事迹，并在适当的时候添加溢美之词，以提高客户的好感度。

（3）善用赞美。客户一开心，订单自然来

世界上最美的语言就是赞美，对他人表达赞美之情，不但可以拉近双方之间的距离，更能使对方打开心扉。在销售过程中，赞美客户是一种很好的技巧，每个客户都喜欢被认可、欣赏。作为一名业务员，要站在客户的角度体会这种心理，不要吝啬自己的语言，坦诚地、真心地赞美对方。

赞美要真诚，发自内心。赞美客户不是简单地溜须拍马，而是要正中下怀，恰到好处，注意措辞的准确性，不要说空话、套话。最好能抓住一些细节进行赞美，使客户感觉你更真实、实在。赞美要围绕客户的年龄、性别来展开。

间接赞美，夸一夸客户在意的人或事物。间接赞美是一种比较巧妙的赞美方式，在某些特殊环境中比直接赞美更有效。业务员可有意避开客户的优点，巧妙迂回，通过赞美与其相关的人和事来达到赞美客户的目的。这在一定程度上更能满足客户的虚荣心。还可以通过他人赞美客户，在背后赞美客

户，以小见大地赞美客户。称赞客户时一定要说到对方心里去，甚至他自己未发现的优点，但不能露骨。

自然赞美，少用太过华丽的语句。发自内心地赞美客户，态度诚恳，心里坦然。

创意赞美，关注别人注意不到的地方。充分发掘客户闪光点，赞美不能停留在表面，要紧紧围绕一个中心点。

（4）言之有物，有着力点才有吸引力

有很多业务员面对客户滔滔不绝、天南海北地乱侃，但客户却无动于衷。这就是说话技巧缺少着力点的后果。谈话空洞无物，说得越多，反而会让客户越烦。作为业务人员在向客户销售的过程中必须有理有据，言之有物。换句话说就是，说话要有特定的对象，有足够吸引客户的着力点。比如产品的品牌、利益、服务、资源投入等方面，让客户听了你的话产生真正的认同感。如何做好言之有物，有着力点吸引力呢？要练好以下功夫才行。

增加知识面，保证与客户有话可说。拓宽自己的知识面，才能灵活应对各种客户，并找到接近客户、说服客户的有效途径。既精通专业知识又熟知与专业相关的其他有用信息，业务人员既是专家又是万事通。

业务人员必须成为所在行业的专家，精通以下专业知识。

表3-18　业务人员应掌握的专业知识

具体知识	所含内容
公司与产品	公司产品的具体类型或名称
公司概况	公司规模、品牌、人数、经营状况等
公司在业界的地位	公司在业界所处的地位，与公司排名相近的公司有哪些
公司策略和经营风格	公司经营特点、企业文化等
公司可提供给终端的一切	产品与服务的类型、品质、资源、促销等
产品的卖点	具体每一种产品的特性、功用、利益、所获得奖项等
产品的价格与策略	价格与同类型产品比是高还是低，造成价格差的具体原因
产品为客户带来的益处	能帮客户省钱、创造效益，还是带来愉悦感等

应当充分了解与专业相关的其他有用信息。这有助于拓宽你和客户之间的沟通渠道，提升客户对你的信赖。与专业相关的信息主要包括：行业发展趋势、本领域国内外市场变化、行业近期重大时事、相关技术与产品信息、行业重要人物的事迹、与客户有关的信息等。业务人员固然要知识丰富，但并不意味着要天下之事无所不通，对于自己不懂而客户擅长的领域，切勿班门弄斧。这时虚心请教更能吸引客户的兴趣。增加知识的途径有很多，最根本的方式是保持学习的心态。通过各种途径学习，特别是向客户认真学习，能进一步增强吸引力。

提前准备道具，拓展与客户的交流范围。提前准备有利于建议订单的道具，包括促销物料（如海报）、促销品、促销套餐、促销政策、资源投入政策等。

用词准确、缜密，增强客户信赖。向客户准确表达并不是一件简单的事情，许多业务员自认为表达能力很强，但是在实际销售过程中经常遇到想说但说不清的情况。业务人员要避免使用"可能""应该是""也许"等不确定的词语，客户听了会认为业务员对自己产品不自信。为了提升客户的信赖感，业务员的表达必须准确无误，语气要十分肯定，措辞要十分精确，而不应用否定的或模糊的词语。如何做到表达准确呢？第一，注意说话态度，在沟通时不卑不亢，同时表现出自信，尽量不使用消极、否定的词语，使用积极、肯定的语气；第二，体现专业性、通俗性，业务人员与客户沟通时既要体现出自己的专业性，又要使用客户听得懂的语言；第三，随机应变，养成良好的说话习惯，用词不是一朝一夕练成的，而是靠日积月累形成的。因此对于业务员来说，一定要善于从推销实践中总结经验，揣摩每个关键词在特定场合的含义。交流的关键不只是你讲得明白，而是要让客户听得明白。

说话有激情，更容易打动客户的心。提升感染力，变客户为朋友，争取回头客，抑制不良情绪，激发良性循环。

幽默机智，但绝不油腔滑调。幽默向对方传递的是一种内涵，而不是油

腔滑调，如果把油腔滑调当成幽默，只会让客户反感。要达到幽默的效果不仅是语言要幽默，动作和表情也要幽默。幽默的语言是大智慧、大能力的表现，但是言辞必须有的放矢，不利于销售的幽默千万不要提。

讲点小故事，让表达更有趣。要会讲故事，包括品牌故事、利润故事、产品故事、服务故事等。

话说要具体，多用真实事例与利害关系说明。与客户交流最忌讳的就是说空话、大话，这样容易让客户感到不踏实。在与客户交流的过程中，一定要具体到每一个问题上，然后摆事实、讲道理，直到客户明白为止。每一个关键问题与回答必须真实、准确、具体。

（5）说错话比不说话更可怕

话人人都会说，但是在销售中，有很多话不能随随便便说，很多业务因为一句话成交一笔交易，但是因一句话而毁了一笔业务的现象也不在少数。在销售中，不该说的话，不能说的话，业务员一定要避免，如果不知该说什么，干脆就什么都别说。言多必失，很多优秀业务员都不是能说的，而是会说的。业务员在与客户交流的时候一定要做到清晰、简洁、明了、恰如其分、入情入理，既能说明问题，又能打动客户。会说话是一门艺术，同一个意思不同的表达方式，结果就不同，业务员一定要明白这个道理，然后才能运用。

尽量少使用逼迫式语言，在使用时一定要加上"我建议""我认为""我提议"等词语。

确定一个产品主题，并围绕主题展开，比如产品功能、产品的独特之处、产品的常规卖点，或者产品的利润、产品的服务等。

说话一定要有理有据，千万不要说大话，绝不空头承诺，做出的承诺无论多难都要做到。

对客户提问，千万不能不懂装懂，要及时向同事或上级请教，实事求是，坦诚面对客户，虚心向客户学习。

无谓争辩不要有，以免"赢了口才，输了订单"，要有所节制，少说多问，多用主动句。

与客户交流要多使用委婉、柔和的语言，避免激烈的言辞，交流的时候一定要让客户有推心置腹的感觉，这种语言能为你赢得友谊，使自己的真诚得以展现。

绝不能说抱怨产品的话，否则客户会没信心购买，相信自己的产品是成功销售的起点，如果你不能相信产品就马上辞职。

忌用不良口头语，避免让客户有不被尊重的感觉，为了避免自己犯错，要放慢说话的语速。

不说竞争对手坏话，尊重对手就是尊重自己，要客观评价竞争对手，遇到竞争对手打击要学会大度，学会与竞争对手合作。害人之心不可有，防人之心不可无，虽然不能诋毁，但是也要存有警惕之心。如果竞争对手违法恶意诋毁也要坚决反击。

3. 倾听的技巧

一定要学会倾听，不能只是自己说，更要学会倾听客户的声音。如何做客户忠实的听众呢？要做到以下几点。

（1）鼓励客户讲下去

鼓励客户讲下去，表示你很欣赏他的谈话，具体做法是：①适当、适时补充，对客户的观点要适时、适当地补充，如"后来如何？""我也有同感！""还有呢？"；②适时提问，对客户所谈内容适时提出疑问，以表示对他的谈话感兴趣，从而鼓励他继续讲下去；③不要东张西望，认真听。

（2）积极主动

做忠实观众不是被动的，而是一个主动行为，所以在听取客户谈话时要主动邀请客户进行交谈，提出双方感兴趣的话题，表现出认真倾听的身体动作，如凝视、身体前倾，时而深思，适时提出问题，配合对方的语气。

（3）用心倾听

人们有时往往只听自己感兴趣的部分，或按照自己的方式去解读听到的

事情，有时未必是对方的真意，所以在听的时候只能获取25％的真实信息。想获取更多的信息和真实意图，必须用心倾听。①站在对方的立场上倾听，每个人都有自己的立场与观点，要站在对方的立场，不要用自己的价值观去指责或评判对方的观点，保持与对方有共同见解的态度；②确认自己所理解的就是对方想表达的，重点重复对方讲过的内容，以确认自己是否理解了对方的意思，如"您刚才所讲的是不是指……""你的意思是不是……"；③诚恳、专注地倾听，不要打断客户的话。

（4）用"眼"倾听

以关怀和赞赏的眼神和客户交流，使客户从你的眼中看到自信、真诚与热情。专注、柔和、真诚地平视，眼光停留在客户的眉心位置，视线不要飘忽不定，否则会让客户产生不安和怀疑。一个不能正视别人眼神的人，常被认为是诡计多端、不说实话的人。

很多业务员在与客户谈话时，经常只摆出认真倾听的样子，内心迫不及待地等自己讲话的机会，将"倾听"这个武器完全置之脑后。但是如果不注意倾听，就听不出客户的真实意图，弄不清客户的真实愿望，你的话也就失去了方向。培养倾听技巧从以下几个方面入手：①培养积极倾听的态度，只有积极倾听才能给客户诚挚的印象；②让客户把话说完，并记住重点，在客户表达完后，简要地重复重点内容，再次观察对方的反应，以便进一步摸清其真实想法，也有利于加强对重点内容的记忆；③对客户提出的不利问题，不要表现出防卫态度，更不要立即反驳，就问题请教客户，让客户更详细地说明这一问题的来龙去脉、影响和客户希望如何解决。在客户详细说明时，有些问题因客户不能自圆其说而化解，有些问题似乎有道理但由于客户心虚而露出马脚。对于实实在在的问题，要初步商定解决办法。没有弄清问题之前，不要在一些细枝末节问题上与客户争论，不主动设防，能够让客户放松警惕。

4. 说服客户的技巧

（1）巧用语言

产品或服务的质量是赢得客户信任的基础。但很多时候，客户的需求不单单是产品本身，还有精神层面的需求。比如，很多客户在购买产品时，都喜欢商家折扣、促销活动等。这就是一种贪图便宜的心理。要想更快、更好地实现销售，必须满足客户的精神需求。这时就需要业务员巧妙运用一些言语技巧，让客户买得更舒心。

把最想卖的留到最后说。在与客户交流时，双方通常围绕产品质量、数量和价格方面展开讨论。为了保证谈判高质量地进行下去，可以在开始谈一些无关紧要的话题，避免敏感话题。然后把握时机，把最重要的东西留在最后阶段阐述。

首先摸清客户的目的，业务员在与客户展开交流之前必须摸清客户的目的。只有了解客户的目的集中在产品的哪一点，才可能在销售过程中时刻不忘销售目的，才有可能在关键时刻说服客户。比如，当知道客户的焦点集中在价格上，那么在谈论过程中，业务员就要尽力避开这个话题，用其他对产品有利的话题去引导对方。当客户被产品这些优势打动后，再沟通起来，在谈论价格方面的压力就大大减轻了。

把话题集中在产品的优势上，特别是独有的优势上。在与客户交流的初始阶段，一定要把话题集中在产品的价格或服务上，不能让客户抓住劣势。比如说价格，无论价格多合理，只要客户想买都会提出异议，在这个阶段的工作就是不要让客户首先考虑这些异议，要用其他话题把客户的注意力引导到产品或服务的优势上来。

积极主动，把握好时间话题。有些业务员认为这是拖延战术，认为他们不敢与客户直接谈论关于产品的敏感话题，不是销售的需要，而是害怕客户拒绝。怀着这样的心理去销售必然是失败的，因为此时业务已陷入被动，也无法把最重要的话题留在关键时刻。另外关键时刻的这个"时刻"具体如何把握非常重要。因为销售讲究时效性，如果客户发现业务始终无法谈到产品主题上来，就会心生厌烦。遇到一些急躁的客户还有可能直接拒绝，会导致前功尽弃。

注意

先聊些无关紧要的话题，再抓住时机阐述最关键的内容，这种方式并不适合所有客户，运用要因人而异。

利用"怕买不到"心理，让客户庆幸能够买到。人们常常有一种心理，越是得不到的东西，就越想拥有它。很多客户也有这样的心理，越是买不到的东西，越想购买。业务人员应该充分利用客户这种怕买不到的心理，让对方感到不买就没机会了。比如，客户在买与不买之间进行犹豫，这时可以对客户说："今天是优惠价的截止时，请把握机会，明天就没有这种促销活动了。"这个时候，客户往往会果断购买。业务员与终端老板总会存在意见分歧，为了消除这些意见分歧，客户总是以拖延来制造借口。客户可拖延，但对业务员来说，时间就是效率，任何一个拖延都足以使得整个销售失败。这个时间最关键的就是加速客户下决心。因此，为客户制造一种紧迫感，让客户感觉不买不行从而督促客户早下决心，这在销售过程中是一个非常好的技巧，一般有下面的方法：

旁敲侧击法。这种销售方法是一种间接的沟通方式，可以帮助谈判双方在不碍情面的情形下，轻松地实现原先的目标。而某些偏差了的目标也可以借半正式或非正式的沟通方式来加以修正。在每次与客户展开交流之前，找一个中间人，这个人在场外以间接的方法与对方互通信息。间接交流的存在是因为有实际的需要。一个谈判者一方面要向对方表明决不妥协的姿态，另一方面还要在对方认为合理的情况下和对方达成协议。不管是客户还是业务都会有这种双重压力的困扰。

日期限定法。在销售中业务员可以为客户限定某个日期，这种方法可以促使对方决定购买。以下是强调期限的几种说法：

×月×日价格就要上涨了。

存货不多，欲购从速。

促销于×月×日就结束了。

优惠只有三天，今天是最后一天了。

唯有立即订货，才能确保你买到产品。

如果你不在×月×日以前下订单，我们将无法保证×月×日以前交货。

如果我们明天不收到货款，这产品就无法为您保留了。

最后促成法。在销售谈判过程中，当我们处于进退两难的境地时，就面临着最后的"出价"了，这将使你向对方下最后通牒。业务员如果态度强硬些，对客户说"接受这个价格，否则就算了"有时反而可以起更好的作用。这种方法通常在以下几种情况下使用：

当要求苛刻，有可能影响其他交易的时候；

当业务员不想与对方继续讨论下去的时候；

当对方无法负担失去这项交易后的损失时；

当所有的客户都已习惯于付出这个价钱时；

当已经将价格降到无法再降的时候。

注意

利用客户买不到的心理时，业务员所描述的过程都要真实，不让客户感到你在演戏，更不要让客户有被欺骗的感觉。很多业务员在谈判的最后阶段，为促使客户赶紧下决心，常会表现出不耐烦、心神不定的神情，说些难听话。其实越到最后时刻，越要有耐心，不要因为自己的情绪而前功尽弃。

利用口碑，让客户知道产品畅销。"金杯、银杯不如客户的好口碑。"利用老客户或相关人员的良好口碑来促进销售，是一种非常有效的促销手段。这样既能快速有效地获得新客户的信赖，又能节省时间和精力，提高工作效率。

学会客户关系管理。想要客户帮助你宣传产品、制造好的口碑，必须学会处理客户关系。作为业务员，也许无法控制客户说些什么，却可以管理你与客户之间的关系。只要你把每一个客户关系处理好了，就会改善客户的看法。根据客户关系重要程度的不同，可以将之分为核心层关系、紧密层关系、松散备用层关系。

核心层关系指的是对销售和产品能起到核心的、重要的决定性作用的客户。这类客户往往是业务员的忠诚支持者，与公司建立了长期的合作关系，并对产品十分认可和满意。对于业务员来说，这类客户虽然不太容易找到，但一旦找到，就能起到很大的作用。

紧密层关系指的是在核心层关系的基础上，适当地扩展，对一个业务员而言，就是经常与自己有业务往来的客户。

松散备用层关系指的是根据业务员的计划，在将来可能会有一定影响的客户，比如未来可能成交的准客户，有发展潜力的同事、下属、朋友、同学等。

（2）善用销售技巧，让折扣显得来之不易

打折是为了更快吸引客户的注意，本质上是一种销售方法，使用得当可以顺利促成交易，但是如果使用不当，可能赔了夫人又折兵。所以正确地给客户打折是非常不容易的。给客户打折，看着简单，实际上最能衡量一个业务员技术和语言技能。业务员只有灵活而巧妙地使用折扣，才能让折扣为你所用，发挥它最大的作用。折扣有利也有弊，从这个角度看业务员在使用折扣时，要非常谨慎，而且要善于使用一些销售技巧，让客户感觉折扣来之不易。业务员可以从以下几个方面做起：

把折扣变成奖励。大部分客户在购买产品过程中会有一种错误的心理，

就是业务员应该理所当然地打折，但实际上对于很多企业或者商家来说，折扣比较固定，通常业务员不能轻易缩减。这就会在业务员与客户之间形成一定隔阂。为消除这种隔阂，业务员在讲解时要学会变通，把这种理所当然的心理转变为额外奖励。把折扣变成奖励是很有效的方法，也就是说，既然折扣在客户心目中已形成了一种让利的方法，那么业务员不妨将折扣变成奖励，在谈判过程中向客户明确说明。这样就会让对方感觉折扣是应该给的，但奖励则不然。折扣变奖励，最大的好处就是将原来的固定支出，变成了业务员可以掌控的可支配性资源，由原来的一种必然转变成了一种鼓励。这种资源使用方向的调整，会引导客户的消费心理发生转变，从而使折扣更好地发挥作用。

折扣要循序渐进，先小后大，先少后多。每个人都有或多或少的"贪心"以及永不满足的心理。客户购买产品时也一样，在得到了5%的折扣以后他会想10%，而一旦得到10%一定还会要更大的优惠。所以说业务员在提供折扣过程中，一定要遵循循序渐进的原则，先小后大，先少后多原则。而在实际销售过程中业务员经常犯的错误是，一下子将折扣政策全抛出来，从而让客户误以为产品的利润空间很大，从而狮子大开口，当客户不满意的时候，业务员却没有降价空间，最终导致客户因得不到满足而不满，还使产品的利益受到了影响。这种做法必然会削减折扣的效果。所以业务员打折扣的时候一定要先小后大。刚开始时给对方一种适中的价格，然后根据客户的需求先小再大，慢慢增加。这样就可以掌握主动权，实现销售目标。给客户让利折扣的过程如下图：

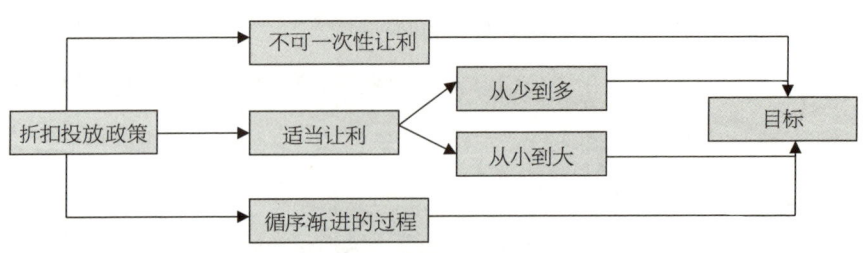

图3-9 让利折扣流程图

折扣要收放自如。业务员在向客户提供折扣的时候，一定要收放自如。在时机不成熟的情况下，千万不可盲目向客户做出承诺，弄不好反而弄巧成拙。如何做到收放自如呢？通常要坚持以下的原则：

发挥折扣的短期激励作用。折扣不能当成一成不变的返利政策，它的最大作用在于它的短期性的功利性，目的就是为了"刺激"客户的购买欲望。

经常变换折扣的形式。折扣的形式多种多样，为了刺激客户，激发其好奇心，必须经常变换形式。比如，岁末赠送产品、举行促销活动、产品套餐等。

注意

折扣不是越大越好。很多业务员往往把折扣当成自己的撒手锏，认为越大越好，一看到客户不为所动，就大打折扣。殊不知，这种方式会使客户认为产品利润很大，反而增加了疑虑。很多业务员在向客户宣传折扣政策时，将利润的"宝"押在了折扣的身上，往往误导客户，让客户误认为折扣就是利润。一些业务员在产品销售不很理想的情况下，为了图省事，把促销当成折扣，全部抛给了客户。这些误区在谈判时要特别注意。

（3）巧打促销牌，让客户感觉当时出手最划算

在销售过程中一定要巧打促销牌，把折扣打到客户的心里去，让他们感到购买物有所值。促销的方法有很多种，但是具体运用的时候，业务员一定要用简洁准确的语言说到客户的心坎中去。那么如何说才更有效呢？

打扣购买。"今天购买，立减50%。"针对心理：精打细算多省钱。每个客户都希望买到物美价廉的商品，价格尽量低，省钱，是很多客户购买过程中的第一个想法。业务员就要善于利用客户的这种心理，向客户做出"打折"的承诺，这会让客户在购买的时候感觉占了很大的便宜，对客户会很有吸引力。

限量购买。"每人限买一个套餐！"针对目标：竞争心理。物以稀为贵，

限量购买会让客户觉得这东西非常珍贵，购买得越早越好。如果业务员宣传，这是限量版，每人最多可购买两件，会让客户感觉实在是划算极了。数量限制虽然限制客户购买的数量，但是会提高对方的购买概率。

清仓甩卖。"清仓大甩卖，将于后天结束。"针对目标：求生心理。求生是一种最原始的本能，很多客户购买产品都是为了实实在在的使用价值。只有这种产品能解决当前遇到的困境就可以购买。

优惠活动。"正值10周年店庆。购买产品另送一些小礼品！"针对目标：贪图便宜的心理。

促销是一种推销手段，业务员在向客户讲解时千万不要贬低产品的使用价值，否则会让对方怀疑产品的真正价值。

（4）和客户"算算账"，争取客户对你的认同

对于客户的价格异议，我会把价格化整为零，细细地给他们算一笔账，这样会大大减轻他们的抵抗情绪。价格往往是引发业务员和客户矛盾的焦点。很多业务员在推销过程中，总无法巧妙地把产品介绍给客户，让客户听后觉得真得购买。往往由于价格问题，不管业务员如何强调产品的很多优点，都无济于事。这个时候业务员就要学会给客户算一算账了。

变抽象为具体。在销售过程中，很多业务员常用"节省""便宜""赚钱""降低成本"等字眼，但这都是空泛的词汇，毫无说服力。如果能把"节省""便宜""赚钱""降低成本"等这些字眼变成具体的数字，则会收到更好的效果。比如说："别看我们的产品较其他同类产品贵，但是它的使用寿命较长。你想，365元的产品使用2年，每天只要0.5元。如果购买200元的产品只有一年的寿命，哪个更划算呢？"这种销售方法的秘诀在于把产品带给客户的利益由抽象变为具体，把"节省"变成一个个实在的数字，这些数字正好与产品价格形成强烈对比。

化整体为部分。在与客户沟通过程中，业务员给客户分析产品的性价比，把价格分为几个部分来计算，这样会让客户感到物有所值。比如，自己销售

的产品是8000元，竞品的是7000元，这时业务员必须说出多出来1000元的理由，甚至更优惠。此时业务员可以说："我们这8000元除了产品本身外，还包括100元的服务费、150的安装费……总共加起来要超过1000元。"

注意

业务员在向客户分析价格时，要善于把抽象的、概念性的利益转变成具体的、实在的好处，这可以大大地吸引客户。面对客户的价格异议，业务员不要盲从，用数字说话，巧妙化解客户购买时的价格异议。

（5）主动提问，问对问题早成功

说得好不如问得好，主动地提问客户可以有效地控制整个销售过程，销售就像开车，业务员就是司机，提问就是方向盘，业务员在控制着整辆车的行驶方向。只要能够提出更多更好的问题，就可以对整个销售过程实行最佳控制。然而大多数业务员却做得恰恰相反，大部分都是客户在提问，自己被动地答。殊不知，客户这样频频发问，业务员实际上已经失去了主动权，这将会大大延长成交时间，甚至无法成交。在与客户进行正式交流之前，一定要事先掌握一些重要的信息，这就是资料准备、整理货架及盘点库存的重要性，如果不做这些动作，你是无法设计问题与客户进行交流的。只有做好准备，才能有的放矢。

在向客户销售的时候，业务员学会提问是一门销售技巧。优秀的业务员都懂得事前应刻意设计一套系统化有针对性的问题。因为大部分客户在产品选择和购买上存有很多异议，这些异议会妨碍销售顺利进行，而且客户并不会立即明白地说出心中的疑问。因此只有业务员用提问的方式去引导，通过正确的提问，找到症结所在，引导对方说出真正的意图，才能销售成功。巧妙提出问题非常重要，业务员通过与客户一问一答，渐渐把客户谈话内容引导到自己的思路上来。先启发对方去思考，再发表自己的意见与看法，然后对症下药，找到目标。那么在设计问题时应该注意哪些方面呢？

确定询问的方式。提问的形式多种多样，但是业务员一定要遵守一些基本原则。

提问一些有启发性简单的便于对方回答的问题，而且最好是一些不需要过多思考的问题。

提问要循序渐进，由易到难，由浅入深，步步深入。

运用"是……还是……""或者……或者……"的句式，便于客户自己做出选择。

循序渐进、直导主题。挖掘客户的真正意图是设计问题的最终目的，因此，在设计问题时，一定要围绕这个目的展开。业务员要以对方的话为中心，逐步挖掘对方想说的话，多问一些开放式问题，循序渐进，便于引导客户深入到谈话中去。比如在谈话中抓住客户回答时的中心语，然后以此为主语进行提问，在你的引导下让对方说出更多的关键词或意见。比如你可以通过以下方式对客户进行询问：利用"就是说……是否……"然后话锋一转，立即进入关键性话题，提出实质性的问题，来引导对方进一步表示意见；利用"你的问题是不是就在这里"这种提问让自己的想法变成客户的想法，再进一步提出问题，从而使客户转变原来的立场，促使对方重新考虑或者下结论。

注意

有很多业务员总觉得自己提问需要一些理由，其实，业务员不必太在意自己是否得理，因为在销售中，你所应秉持的原则就是与客户共同寻求解决问题的答案。只要你善于发问，客户还是非常乐意回答的。并不是所有事先设计好的问题都能派上用场，关键时候还要根据客户的需求、当时的条件变化加以变通。

发现客户的骄傲，询问令他们自豪的问题。 在选择提问话题的时候，一

定要有所侧重，我最习惯围绕客户的辉煌历史展开提问。提问是业务员与客户双方互动的手段，业务员设计的问题不仅要合理，关键是提问时还要掌握一定技巧。业务员要善于发现客户的兴趣点，能够通过询问令客户感兴趣的问题调动他们购买的欲望。所以只有巧妙抓住客户最自豪的那一部分，才能在短时间内把握客户心理状态，摸清客户的动机和意向，最终促客户下订单。

提问要获得客户的认可。在询问客户一些问题时，业务员一定要确保所提问题有明确的指向性，保证内容是客户认可的，否则会造成不必要的误解。这就要求业务员在提问之前一定要尽可能地了解客户信息，如生活习惯等。通过对这些资料的分析，设计恰当的问题，然后通过提问，进一步了解客户真实需求。

处理好交谈中的细节问题。在对客户的资料进行详细了解之后，业务员就应该考虑一些细节问题，比如用什么方式，用什么样的语气，以及在什么时间来提问，会让客户感到业务员更有礼貌，显得尊重对方一些。在提问的时候，这是非常重要的，很多业务员就是因为提问方式不当，最终伤害到了客户。比如可以用"我这样讲清楚了吗？"来结束，或"我没有讲清楚，是我的责任，我再讲一遍"。千万不要说"你了解我的意思了吗？"或"怎么还不明白？"这种带有责备、贬低、嘲笑意味的话，这样即使开始双方谈得很好，也会在一瞬间化为泡影。

注意

善于发现客户的骄傲，一定要安排在事前，千万不要一边盘问，一边对其进行了解，这样会给对方一种被窥视的感觉。谈论客户的骄傲和自豪话题也要尊重对方意愿，若对方不愿意回答也不要强求。

提问方式要新颖，以引起客户的好奇心。提问是引起客户好奇心的最好方式之一。我在销售过程中，面对同一个客户，同一个问题往往采用不同的方式重复提问，效果很好。很多业务员业绩不好不是埋怨市场，就是埋怨客户，其实在任何地方，任何人都存在潜在的需求，关键是看有没有高超的销售技巧。做任何事情都需要创新，做销售也一样，善于创新的业务员总是能够取得更好的成绩。在提问方式上，业务员不但要敢于提出问题，更要善于提出新颖的问题，只有新颖的问题才能得到好的答案。

重复提问。重复提问有以下优点：具有检验作用，具有鼓励作用，减弱客户的气愤、厌烦等情绪。

提问形式多样，因人而异。提问方式多种多样，但应用起来十分灵活，不拘一格。方式要新颖，不能一概而论，也没有一定的标准。

提问与客户类型保持一致。必须抓住客户的心理，了解客户的购买风格，与客户的特质要一致。

巧问"为什么"，让客户说出内心的想法。用问"为什么"的方式提问，简单直接，有利于客户表达心中的想法。以"什么""为什么""何处"等形式开头的问句又称为指向性提问。在销售过程中，这种提问方式非常普遍，主要用于了解客户的基本信息。业务员通过对方的回答，可为接下来的销售寻找突破口。这种提问方式目的性强，便于直接获得所需信息。

提出能让客户给出肯定答复的问题。提问有两个原则，一是有利于客户回答，二是有利于话题继续交流下去。引导客户肯定性答复又被称为积极性提问，指业务员给出的问题只允许对方给出肯定性的回答。这种提问方式非常巧妙。设计一些让客户给出肯定答复的问题，并不是要坚决杜绝对方的否定答复，在某些时候我们也需要否定的答复。这种提问方式一定要循序渐进、层层深入，如果每个问题是平行的，也难以激发客户持续谈话的兴趣。

巧设选择性问题，为客户圈定答案范围。在提问的时候，善于使用"二选一"的提问方式，这样最有利于谈话围绕中心主题展开。设计一些选择性的问题，是业务员十分有效的一种提问方式，又被称为封闭式提问。问题可用"是……还是……"句式，把答案设定在是或不是、能或不能、行或不行之间。这种提问方式有多种好处，十分有助于提高销售效率。

节约时间，提高效率。这样提问可以大大节约时间，提高效率，回答起来直截了当且简短而有力量，可使业务员在最短的时间内了解客户。"二选一"问题设计图：

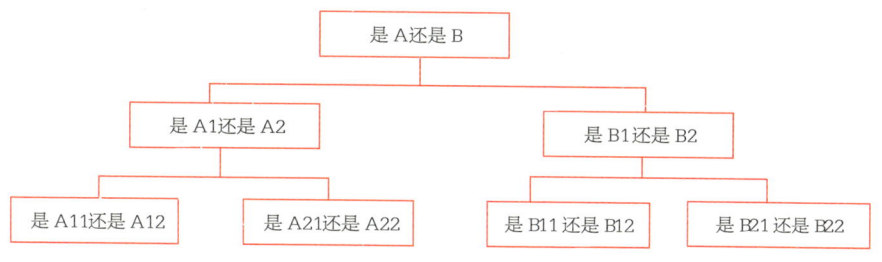

图3-10　封闭式提问流程图

把控谈话范围，避免跑题。在销售过程中，提出的问题如果客户都能以"是"或者"不是"来回答，那么业务员就很容易控制谈话的主动权，将谈话的焦点转移到一定范围内，从而避免客户转移话题。

注意

这种提问方式要谨慎运用，不要提出客户无法回答的问题，为了提高效率一定要先圈定问题的答案。二选一，通常一个是肯定，一个是否定，业务员要把客户的思路引导到肯定的答案上来。

用问题控制局面，引导话题朝预设方向发展。一问一答的交流方式，是最容易步入主题的，其关键是要掌握好问题相互之间的连贯性，要层层深入。在实际销售中，提问之所以比说更重要，是因为提问可以引导客户的思维，锁定客户的注意力，在一步步提问中客户的选择越来越少，从而将客户的思路引导到业务员这边。这样有助于客户做出选择，而且这种选择是业务员所期望的。但是提问的过程中要注意以下两点：

提问顺畅自然。问题必须便于客户理解和回答，如果过于拗口，势必影响对方回答的效果。问题要简单、容易回答。一开始，尽量问一些小问题。问题要没有抗拒性，让客户乐于回答。问题具有有效性，能够解决客户的现实问题。

关注客户的情感需求。销售就是一个说服的过程，如果业务员没有掌握主动权，就容易被客户控制，被客户牵着走。在销售过程中，如何控制、引导谈话，利用哪些问题与客户交谈，如下图所示：

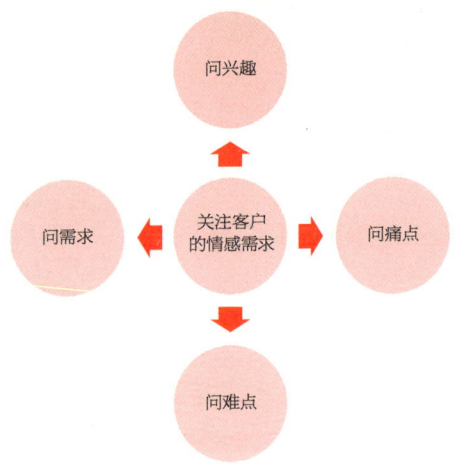

图3-11　关注客户的情感需求

（6）见招拆招，嫌货才是买货人

客户拒绝后，业务员不要轻易放弃，更不要相信客户各种拒绝理由。大部分时候，客户的拒绝并不是对产品或服务不满意，而是一种心理战术，对方想通过拒绝获得更多筹码。遇到这种客户，业务员就要学会挖掘、透视客户拒绝的心理，找到其内心真正的缘由。然后，根据不同的理由区别对待。

根据客户类型，有针对性地加以说服。业务员向不同类型客户推销的时候要有针对性。因为每一个客户都会因性格、职业等的不同而具有不同的消费心理。业务员必须准确分辨客户类型，只有这样才能取得每个客户的信任与认同。不同客户呈现不同购买行为，如下图所示：

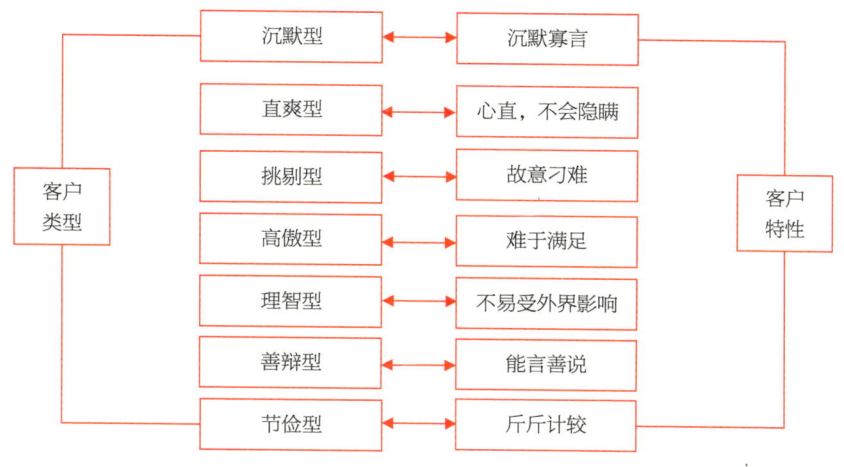

图3-12 不同类型客户的购买行为

沉默型客户。这类客户面对业务员的推销往往沉默寡言，不表示同意也不表示反对。这类客户最大的特点就是缺少自信或太过警惕。业务员千万不可和对方一起沉默，而应尽量多说话，坚持问一些问题，直到问得对方不得不开口。然后，业务员根据对方的回答找到其沉默的原因。只要能找到对方感兴趣的话题，往往就能恢复其自信。

直爽型客户。这类客户是业务员最喜欢的，也是交流起来最不费力的。对方往往没有心机，也不故弄玄虚，只要看准的东西就会直接下单。这类客户的特点是优柔寡断，如果身边有第三者，往往会被人左右，对此要特别注意。遇上这类客户，如果是单独下单，业务员只要明明白白地介绍即可，如果有第三方，则要花些心思，说服其身边的人。

挑剔型客户。这类客户在下单时非常挑剔，稍有不满便会有意刁难，可能会从产品、服务挑出很多毛病，有时候可能很过分。遇到这类客户，业务员要始终和对方保持沟通，让对方有安全感、满足感。同时在不违法的情况下，可送些小礼物给他，但是要有所节制，一味满足对方会导致对方的欲望没有止境。

高傲型客户。这类客户和沉默型客户有很多相似之处，会经常摆出一副自高自大的样子，喜欢讲大话。初次见面，感觉对方并不是很容易接近，其实这类客户并无心机，很容易谈成功。业务员与这类客户沟通的时候，绝不可以让对方有扫兴的感觉。要认真倾听对方的谈话，满足对方自高自大的心理。业务员只要能令这类客户高兴起来，掌握好时机，把话题引到订单的主题上来，成交的可能性就大大提高。

理智型客户。这类客户办事情比较理智，有原则，有规律，不会因为关系的好坏而选择产品，更不会因为个人的感情色彩选择对象。这类客户大部分工作比较细心、负责，在选择下单之前都会先做适当的比较，再理智地选择。遇到这类客户，业务员不要强行推销，最好、最有效的方式就是坦诚、直接地与其谈论产品、服务、资源，该如何就如何，把产品的功能、特点、优势、劣势都说出来，千万不要夸大其词，或者随便承诺。如果承诺就一定要做到，否则会失去对方的信任，而一旦失去对方的信任，挽救的机会就比较小了。

善辩型客户。这类客户不仅能说，还爱开玩笑，表面上十分亲和，实际上最难被说服。有时候业务员费尽口舌，也不能成交。遇到这类客户，业务员应该同样用开玩笑的口吻去引导对方了解产品。这类客户防御性较强，在交流时会经常岔开话题大谈特谈，这就需要业务员有效控制沟通内容。

节俭型客户。这类客户比较看重价格，业务员要以价格为突破口，先在价格上让步。只要价格上给客户一个合理印象，让对方觉得产品性价比是最高的，就可以深深抓住对方的心。

注意

不同性格的客户具有不同的消费心理、购买习惯。因此，业务员要善于从对方的话语中巧妙分辨，只有对客户类型有大致的判断，在与其交流时才会更有针对性，目标才会更明确。

对客户抱怨表示理解，让客户找到情绪发泄口。带有怨气的客户是不会接受任何一个业务员的，就像是一个装满水的杯子，再企图加水只会流出来。

要想往杯子里倒水，只能清空杯子。客户的怨气也是一样，一定要让其发泄出来，才有可能进行下一步的讲解。那么哪些方式可以引导客户发泄呢？

站在客户角度，认同对方的抱怨。当客户抱怨时，业务员要设身处地站在客户角度感受，并为对方着想，任何不满都是有原因的，要让客户表达出来，发泄出来，这样才可以安抚客户的情绪。

认真倾听，并把抱怨记录下来。有时候客户的抱怨对销售是非常有价值的，因此一定要认真倾听，并记录下来。这不仅有利于销售工作，还能表现对客户的尊重。只有给客户充分的尊重，客户才能感受到自己抱怨的价值，只有让客户感受有价值，怒气才会消散，否则客户的怨气只会越积越多。

表示抱歉，并采取补救措施。及时表现歉意，千万不要反驳，而且要快速采取补救行动，或者快速给出解决或缓解方案，以争取客户的信心与信任。

> **注意**
>
> 对于长期的客户，如发生此问题，要制订一个完备的计划，一旦找到解决方案，尽早实施，同时要向客户说明制定的解决方案，并充分解释为什么这样做。

尴尬时刻，善于转换话题。在销售过程中，有时候会出现尴尬时刻，这个时候要善于转换话题，不要出现"真空时间"让时间白白浪费。如何化解尴尬呢？这就需要业务员掌握一定的语言技巧。

及时询问。根据对方的回答巧妙转化，以询问的方式提醒对方或自己来打破僵局。常用话有："有什么疑问可以随时叫我。""有什么不合适呢？"

先说些赞美的话，缓和对方的情绪。比如，老板你的这件衣服真好看、真帅等。

微笑地看着对方，看对方反应。

运用第三者的事例，可以举一些第三者的案例，即那些成功下单的客户，让对方确信产品或服务能够满足他们的需求。

在销售阶段，客户出现短暂的沉默是必要的，这说明对方正在思考，正在下决心购买，此时业务员千万不要随意插话。

面对客户责难，千万不要针锋相对。在销售的时候面对客户的刁难、责备是不可避免的，然而有些业务员往往以牙还牙，恨不得用一连串的反问反击对方，这是非常不可取的。对客户的不同意见，业务员最好不要反驳，否则会引起客户不快。在这里可以采取间接否定法，即先认可对方的意见，然后再提出不同见解。最重要的是挖掘客户责难的核心问题，给予合理的解释。

对于客户的疑虑，要用坚定的语气提升客户信心。客户对产品或服务的顾虑是推销的最大障碍，如果无法打消这些顾虑就很容易失败。在销售过程中客户有疑虑都会遇到，因此业务员要了解客户的疑虑来自哪里。客户的疑虑是多方面的，通常有以下几点：

产品的价格是否合理。

产品的质量是否可靠。

销售过程中是否有让利的部分。

销售公司是否有权威性。

业务员是否值得信赖。

售后服务是否周到、到位，客户的

满意度是多少。

合作态度是否符合心理的期望值。

当发生歧义和纠纷时，处理的效果如何。

解决客户的这些疑虑，最重要的是使客户产生信任，这是消除疑虑的前提。无论是对企业还是对产品存有疑虑，其实，归根结底都是因为对业务员的信任有问题。信任是基础，但最根本的还要为客户解决现实遇到的问题。在打消客户的疑虑之前，先要了解客户的疑虑来自什么地方，这样有助于增加自己谈话时的信心。坚定的语气是建立在高质量产品的基础之上的，如果客户疑虑确实有适宜依据，千万不可硬撑，该承认一定要承认。

灵活地说话，帮你打破谈判中的僵局。僵局一旦无法打破就成为死局，形成死局也就标志着销售的失败。僵局是谈判过程中经常遇到的一道坎，对

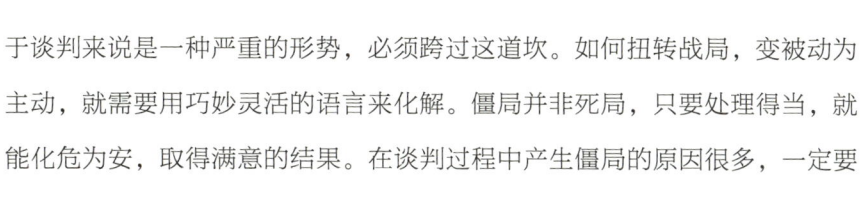

于谈判来说是一种严重的形势，必须跨过这道坎。如何扭转战局，变被动为主动，就需要用巧妙灵活的语言来化解。僵局并非死局，只要处理得当，就能化危为安，取得满意的结果。在谈判过程中产生僵局的原因很多，一定要分清这种僵局是什么原因，然后根据不同的原因采取不同的策略。

有些谈判僵局的产生是想给对方造成压力，为自己争取时间和创造优势，是客户有意制造的僵局，是客户采取的一种延迟性质的策略。业务员在应对这类僵局时，先要识破对方的意图，然后点明对方的目的，具体要坚持以下三个原则：

第一，做出适当让步，以柔克刚。客户有意识制造僵局的目的就是试探业务员的实力、决心和诚意。在这种情况下，客户往往会在价格上做文章，如果其要价在合理范围内，业务员不妨示弱，做出让步以满足其虚荣心。但是一定要声明自己的立场、观点，防止客户得寸进尺。

第二，排除误会，疏通障碍。在谈判过程中，双方容易出现情绪失控，词句不当引发口角，形成僵局。比如一方要价过高，一方无法接受则立刻反击，就会造成谈判失败。这时一定要冷静下来，静心反思。

第三，坚持原则，态度坚决。这是在万般无奈下采取的策略，双方冲突升级，出现互不相让的局面。比如业务员已经做出让步，但客户还不满意。这时业务员不可再次忍让，必须坚持原则，态度坚决。

在谈判过程中双方可能因立场、利益点及处理原则不同，而阻碍了谈判顺利进行，导致谈判中断和失败。业务员在处理这种僵局时应以说服为主，坦诚以待。生意场上大家都以利益为重，因此必须坚持使用某些客观的标准来做决定，而不是意气用事。业务员一定要表现出极大的诚意，耐心说服，通过市场行情、产品质量、售后保证等一些有说服力的证据，来劝说、提醒、引导对方，设法满足双方各自的利益而达成协议。聪明的业务员在僵局中，总能设法说服对方，解决问题。

僵局是谈判过程中出现的一种非常严重的情况，出现这种情况时，要把握好分寸、保持冷静，切不可与客户争吵。在不损害实质利益的情况下，可以做出一定让步。如果在谈判伊始就出现僵局，这是不妙的征兆，此时业务员没必要展开深入谈论，建议停止谈判，另择时机。对于一些客观条件不具备，没有价值的谈判，一旦陷入僵局，可以考虑退出，甚至彻底放弃。

（7）讨价还价，突破销售过程的重要一关

价格永远是业务员与客户谈判的焦点，每一次销售几乎都伴随着价格之争。因此，正确应对客户的"讨价还价"是销售过程中一个非常重要的内容。想要破解客户的价格之争，必须充分了解客户讨价还价的动机。通常这是对方的一种心理行为，在他们心中，永远想买到性价比最高的产品。了解了这一点，业务员在交流的时候，就可以以价格为中心，拓展自己的话题。只要打消了客户心中对价格的疑虑，就可以顺利成交。

先发制人，提前用话堵住客户的嘴。有的客户一来就直接问产品的价格，在推销过程中，这是一大忌讳。如果客户觉得价格太高，很可能转头就走。对于这样的客户，直接相告起到先发制人的效果。但是在报价的时候一定要注意技巧。报价是销售过程中最重要的环节，然而很多业务员在这个环节上表现得十分犹豫。有的是害怕客户拒绝，有的是害怕昂贵的价格把客户吓跑。这样，不但失去了良好的机会，还容易陷入被动，得不偿失。所以业务员在报价时必须掌握时机，交流到一定程度时，不失时机地报出价格，对于某些客户来说，这种推销策略反而能够起到先发制人的效果。直接告知法，能让客户在第一时间内体验到公道、透明，让客户难以开口再谈价格，省去了不必要的质疑。但是这样的报价有时也会被客户利用，这就需要业务员在报价时随机应变，根据客户的不同反应进行调整。

探清底线再报价，不会惹恼客户。千万不要盲目报价，一定要了解客户的具体情况后再报价。首先分析客户需求，然后介绍产品优势，把握时机准确报价。

有技巧地报价，不要吓跑客户。一定要对客户有深入了解，掌握具体价格谈判方法，灵活运用，下面的方法大家可以灵活运用：

表3-19　报价技巧

报价方法	使用技巧	应用案例
实话实说法	客户在提出价格的初始阶段，业务员就要直截了当地向对方阐述价格的公道性，不要给对方还价的余地	客户："金龙鱼黄金调多少钱一箱?" 业务员："212元。" 客户："不会吧？这么贵，这要比网上价格高出十分之一呢！" 业务员："你看到的信息可能是网上搞活动的促销价，而规格也不一样，当前这种价格我们进货都进不到。"
凸显优势法	在报价之前，先明确指出产品的最大优点，然后根据这个优点加以证明	业务员："金龙鱼黄金调这款油，营养均衡，最适合一家人食用，而且是唯一获得国家发明证书的油。"
利益共享法	强调商品本身对客户的价值，在阐述时，要强调双方之间的利益是相互的，只有价格公道，才能达到双赢的效果	业务员："金龙鱼黄金调就是硬通货，老百姓买得多，不仅能让你赚钱，还是必需品，能为你带来更多的客户流量，这是其他品种的油比不了的。"
以退为进法	客户往往会抓住产品的某个缺点或不足要求在价格上做出让步，这时业务员要先肯定对方意见中非实质性的内容，然后再借机表达自己的意见	客户："这个牌子我没有听过。" 业务员："正如您所说，我们产品的知名度不高，这与我们公司的发展策略有关，我们把钱都用在产品技术上了，广告上就比较薄弱。毕竟企业真正的知名度还得靠产品的质量、技术来维持。"
迂回补偿法	当业务员无法通过产品的质量或其他卖点来打消客户的价格异议时，就要寻求其他方式进行心理补偿	业务员："这个油的价格已经是底线了，实在不能再降了。这样吧，我赠送给你一瓶试用的小油，一是你给我个机会，二是你也试一下我们的产品，你看如何？"
借用外力法	借助领导或主管的力量，让客户感觉到这个价格的下浮，的确不容易，从而给客户的心理施加一定的压力	业务员："这个价格在我的职权范围之内实在不能再降了，我向领导申请一下，看有没有下降的空间。"

　　无论哪种报价技巧，在与客户交流过程中，都必须留有余地，也就是保证价格有浮动空间。报价的技巧不是万能的，最关键的还是灵活运用，根据客户的不同情况采用不同的表达方式。

　　不合理的要求要明确拒绝。态度含糊会令客户要求更多，对于客户的不合理要求，一定要有明确的态度，能做到一定做到，做不到就是做不到，千万不能含含糊糊，模棱两可，不要害怕得罪客户，要勇敢说"不"。优秀的业务员不是一味顺从客户，无条件地满足客户，相反，要当机立断，能答应的就应允下来，不能答应的就要果断拒绝。拒绝客户要掌握技巧，要在不得罪对方的前提下巧妙地表明自己的态度。下面是三种关于合理拒绝的小技巧。

坦承困难，争取客户体谅。对于客户要求，业务员无法做到，就向客户坦白原因，这样做既不得罪客户又能获得客户体谅。因为任何一个人都喜欢和坦诚的人打交道。

让上级出面，抬高客户身价。业务员无法解决的难题，让上级出面也是一种很好的方法，毕竟上级作为公司的高层，与客户谈起来会有很多优势，同时也让客户有被重视的感觉。不过不到万不得已，不要轻易使用这个方法，即使得到上级批准也不要轻易答应对方的要求。

提供确凿的证据，让客户无话可说。遇到客户的不合理要求，业务员可拿出公司的相关规定，向对方提供证据。

善于示弱，降低客户的攻击性。每个人都喜欢表现出自己强势的一面，换个角度想想，对方也希望这样。所以有时要习惯以弱势的一方出现，这样，反而更容易获得对方的认同。在销售过程中，总会碰到强势的客户，直接问价格，根本不给业务员更多的解说时间，业务员一旦想介绍产品，对方就直接打断。碰见这种情况，业务员就要示弱，适当做出让步。

第一步：报一个超低的价格，争取客户的初步认可。在给这类客户报价时，业务员要准备两个价格。第一个价格比市场价低些（一般是同品类产品中低端竞争类产品），吸引客户的注意力。常用话："这个产品价格是我们新推出的优惠价，非常庆幸，您正好赶上我们的优惠促销活动。不过，这个产品主要是用来满足市场上绝大部分消费者的，如果您有特别的需要，就需要其他的产品了。"接下来报第二个价格，即下面第二步的内容。

第二步：报出一个最高价格，提高产品档次，满足客户的心理需求。通

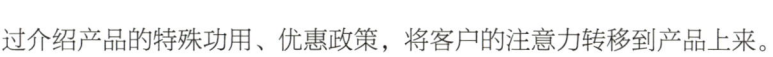

过介绍产品的特殊功用、优惠政策，将客户的注意力转移到产品上来。

第三步：让客户在两个价格中做出选择或自愿报价。以上两个报价是为了吸引客户的注意力，也为最后的合作打下基础。此时就可以询问客户需要哪个档次的产品，根据客户需求做出报价。其中的技巧在于，不是让客户在两者中选择，而是要其自动为产品报价。两个报价为客户提供了上限与下限，无论客户如何报价都在业务员的掌控范围内，既步步为营又环环相扣。

采用价格比较的方式，让客户认清差距。尽管业务员着力强调自己产品的优势，有些客户还是认为太贵。客户一旦有了价格异议，业务员就应该找个参照物进行对比。有比较才能显出自己所销产品的优势。最常用的是拿同类产品进行比较分析，让客户看到产品优势。这样做的目的是向客户传递一种物有所值的潜在信息"我们的产品是优质的"，便于客户做出选择。值得注意的是，在向客户分析时，语气一定要连贯，一气呵成，千万不要停顿，因为这样更有利于对方集中注意力去倾听。中途一停对方就会进行反驳，再次分析时就没有说服力了。

通过对比，一定要将客户的视线由价格转移到优势上来，对于客户提出的异议，业务员不要急于答复，而是要用产品的优势与同类产品相比较，通过对比突出自己产品在设计、性能、应用、品牌、利润、服务等方面的优势。因为价格在明处，优势在暗处，所以要把优势表达出来。业务员需要帮助客户分析，将其注意力从价格上转移到优势上来，化解对方对价格的异议。

对比是有技巧的，俗话说："不比不知道，一比吓一跳。"有比较才会有鉴别，有鉴别才会买到更好的产品，每个客户都懂得这个道理。如何比较呢？这需要一定技巧，业务员要根据客户需求点选择合适的比较对象：

高、低档产品比较。

新、老产品比较。

高技术产品与复古产品比较。

不同品牌产品比较。

利润比较。

服务比较。

新鲜度比较

资源投入比较。

对比一定要有参照物，不是去臆想一个产品，而是拿实实在在的某个产品对比，这样更有说服力。比如，业务员向客户对比产品时，明确地强调产品的品牌、生产企业、生产日期等，这些关键字眼都会让客户感到信服。

（8）有效引导客户，成不成功就看这临门一脚

客户需要业务员一步步地引导，有效的引导可以顺利完成销售，反之会使销售彻底失败，以致前功尽弃。那么如何引导客户呢？这需要业务员站在客户角度，设身处地体会对方到底需要什么，然后用高超的语言技巧介绍产品，让客户对产品有更多、更全面的了解。

循序渐进地提出要求，更容易说服客户。在向客户介绍产品时，要条分缕析，层次分明，让客户听得明白，这样更有利于对方接受产品。

首先要谈论一些与产品无关的话题，提起对方兴趣。当对方对产品产生一定兴趣时，开始询问最近产品情况。逐步地扩大客户需求，要求其多订购产品。最后引导对方自己得出结论。

为了让客户逐步接受产品，最好的办法是采取循序渐进的谈话方式。这个过程通常分为三个阶段：第一阶段，稳定客户情绪，让客户初步了解产品及订单；第二阶段，提出购买建议，让客户慎重考虑；第三阶段，强调产品的价值，引导客户自己做决定。

抓住购买信号，直接要求成交。成交是销售的最后一环，要等待一个恰当的时机才能实现，这个时机的核心就是抓住客户发出的购买信号。当客户发出购买信号时，也就是对方的潜在需求意识已被调整到最佳状态。此时业务员应该抓住时机，索要订单，否则将错过这个机会。一定要及时发现对方的购买信号。

第三节 "真枪十战"精准破解业务难题的实战技巧 ▶

在日常拜访门店时，小店业务员总会遇到一些难点问题。这些问题该如何解决呢？对于小店业务员来说，要善于发现问题、总结问题、解决问题，特别是解决工作中的一些代表性问题。在这一节，我们就来讲解小店业务员在工作中经常碰到的十大难点问题及解决方法。

难点一：拜访陌生门店，如何破冰？

第一次见面，不要一进门就卖货，要先用服务破冰（比如先帮店主干活），然后找机会沟通，进而建立信任，建立客情，营销自然水到渠成。

1.常用破冰方法

（1）用态度破冰

自报家门："我是来拜访，不是来卖货的。"态度诚恳，手勤眼快，见机行事，如果老板在忙就别打扰他，先帮忙干点活（比如擦灰、摆货、整理货架），或者说："您先忙，我看看我的产品，不打扰您。"让老板看到你的诚意。

（2）用产品品牌破冰

让店主知道他店里的几种产品都是你公司的，或你公司同类产品是知名品牌，你公司产品的价格与资源活动优势等。

（3）用熟人关系破冰

店主一听你和某一个他信任的人很熟，马上就能换个态度。

（4）用询问客诉和回访服务破冰

店主听到有人上门处理遗留问题，肯定当你是朋友，不是推销员。

（5）用处理客诉/警示不良品和异常价格破冰

帮店主调换产品，或告诉店主店内某款产品价格比周围几家店低，可适当调高。

（6）用服务流程破冰

强调我们是来服务的，用服务破冰。常用话："你要不要货无所谓，我们不是单纯卖货的，从今天开始我们企业会定期拜访终端，以后大约一周来一次。你有任何服务上的问题，比如送货、回评、兑现协议、调货等，可以随时投诉，我们立刻解决。我们来主要是做以下几方面工作……"

2. 钉子户破冰方法

（1）心中有数

了解店主成为钉子户的原因是什么。店方也许对新品没兴趣，但绝不会对赚钱没兴趣！越是面对陌生客户，店主的拒绝越是假象。多去几次，找到对方态度强硬背后的原因，问题就迎刃而解。

（2）主动出击

不要相信客户的推脱，"没钱""没地方""不缺货""淡季卖不动"等都是借口，一定要主动出击，手勤嘴甜，坚持不懈。

（3）设定拜访目标，迈小步，不停步

每次拜访设定一个小小的推进目标，比如先说上话，拉上家常，完成这个目标就是胜利，自己不乱阵脚，客户也不会觉得受到压迫。

（4）面对"老板不在"

首先对这种店不要怯场，可以要老板电话、书面沟通、多次拜访、通过熟人介绍或让这个老板帮你介绍新老板、把客户做成员工。

（5）多次拜访

对于态度特别坚决的客户，可以说："不让我卖货，我递个名片咱们认识一下总行吧？我给你贴个海报行吧？我帮你处理客诉行吧？我帮你擦货架行吧？碰上下雨我帮你把货搬回店里行吧？实在不行，我中午到你店里吃饭，

我在你店里买包烟、买条抹布行吧？"所谓"有理不打笑脸客"，提供服务总是没错的，总有一天店主能给个笑脸、给个座位，跟你讨论进货问题。只要他肯谈，就有办法达成交易。

3."万年寒冰"破冰方法

（1）情感攻，诚意化

记录店主的生日、店庆、装修、乔迁、红白喜事等"大日子"，定时表态，比如发一条短信，会为你的客情加分。这个方法看似简单又俗气，但对中小终端老板非常有效，因为每个人都在乎别人对他的尊重。

（2）赞美

人人都喜欢听好话，人人都喜欢被表扬与崇拜。但赞美必须专业，否则反而让人加重戒备心——无事献殷勤，必怀鬼胎。赞美的核心在于投其所好，每个人都有自己的得意之处（甜点），也有忧心的事情（痛点），需要被认同、安慰。赞美需要素材，记录终端老板的爱好，处处留心是学问，赞美到位，一句顶一万句。

（3）话题投机，同感代入

店主最近的兴奋点和焦虑点是什么？是足球赛？孩子考大学报志愿？房子拆迁？宠物生病？隔壁新店会不会抢生意？平时留意，然后准备些谈话内容，找机会切入比如"我也是刚考上大学，假期勤工俭学打份工""我们院有条牧羊犬在宠物医院看感冒，误诊死了"……沟通有共鸣，生意自然来，这就是所谓"先交朋友，后做生意"的含义。

（4）做个有心人，对症下药

一个小店业务面对着上百个中小终端，一定要做个有心人。前面讲到门店店主的大日子，店主一直以来的得意之处，店主近期关心的人/事/话题等，这些资料就是冰面上的裂缝，破冰凿此裂缝，一击必中。客户没有好坏，只有不同，不同的客户就要用不同的沟通策略。业务员可针对终端老板的性格特点分类，编些暗号记在客户卡上。沟通过程中要灵活变通，生意不是在谈判桌上才做的，一年三百六十五天，天天都是生意机会，关键是事先谋划。

这个世上没有搞不定的客户，只有不用心的人，只要真诚地对待客户，坚持不懈地为客户提供专业周到的服务，再坚硬的冰山终会被你的真诚融化。只要功夫深，铁杵磨成针。

难点二：如何卖进新品？

1. 学会选择新品

优秀的业务员第一步是要先学会选择新品，企业一定会有很多新品给到小店业务员推广，而小店进货品类有限，所以一定要站在小店店主及消费者的角度，把所有新品按照小店店主和消费者接受度进行优先顺序的排名，先易后难，先大后小。

2. 找到新品的卖点与特性，充分挖掘利益点

卖的每一个新品都必须找到能够打动终端和消费者的价值点，把这些价值点转换成终端和消费者能听懂的话，绝不打无准备之仗。

3. 钉钉子建堡垒

先找适合新品销售的门店，产品卖出后不能只是摆架销售，必须找机会建立阵地，同时在周末开展促销活动，将机会门店打造成销售模板。

4. 组合套餐

推出爆款产品和新产品的组合，然后用让利或送礼品的方式销售。

5. 试销促销法

先给客户试销一下，并保证调换和退换货，少量保退零风险。对于这样的门店一定要在周末安排促销活动，让产品产生动销，让终端老板卖出信心。

6. 利益算账法

要学会和终端老板算账，说明卖新产品的优势，比如毛利、陈列有奖、返利扣点、礼品奖励等。

7. 定点促销法

对于新品，一定要在周末定点开展店内促销活动，一是可以帮助商家拉人气，促客情，更重要的是利用这个机会推新品，做动销。让商家感觉到新品是值得卖的，是有回转的。同时要对新品的动销情况，在群内及门店拜访时介绍给其他店主。

8. 独家经营法

新品在一定范围内只给一家店专卖，承诺不给别人卖，由其独卖。并且保证售后服务与定点定时促销。

卖进新品绝不能是为了完成任务，更不能是一锤子买卖，要对终端、企业和自己负责任。所以针对新品的卖进是一系列的手段与措施，卖进只是第一步，最重要的是后面的动销，有动销才能让新品真正活下来。如何进行动销？第一要有地方即阵地，有好的位置、好的陈列；第二要有人，有固定的人员按照活动标准做促销，两者相互递进，环环相扣，不能只顾着卖进，否则货卖不出去处理烂摊子的还是自己。

难点三：新品卖不动怎么办？

新品卖不动很正常，要有心理准备，做好长期作战的准备。任何产品都有生命周期，在萌芽期需要更多的呵护。新品动销是一个系统工程，主要有以下几种方法：

1. 阵地打造，以点带线

新品不宜一下子全面铺市，除非是公司要求且有资源支持，否则建议业务人员选择自己服务门店的30%分销，所有分销门店必须有好的陈列位与陈列面，最好有独立的陈列割箱或堆头。要选择10%的门店进行阵地建设，打造堡垒店，堡垒店必须在每条线路上都有一两家，利用堡垒店带动每日路线上的其他门店。当所有堡垒店都活跃起来后，就可以向其他门店卖进了。

2. 定点定时，促销活跃

每周必须在堡垒店进行专项的、形式多样的、主题鲜明的促销活动，持续开展促销活动宣传产品。影响及引导消费者购买新品，形成复购动销。

3. 集中资源，各个击破

新品动销时资源使用不能摊煎饼，要集中资源投入机会门店，遵从二八法则，重点门店打通打透，逐个击破。

4. 天上广告，地下陈列

新品一般都会有广告宣传，一定要记得广告播出时间，通知门店店主收看，同时在有条件的门店播放广告视频文件。做好终端陈列，陈列面要大，要突出，要集中，尽量紧贴畅销品，包括竞品畅销品，起到连带销售作用。陈列方式有横向陈列和纵向陈列，按照消费者行为习惯，与店方沟通确定采用何种陈列方式。具体陈列方法请回顾本章第一节。

5. 人员拉动推广有奖

在售卖场所，有相关人员介绍拉动，特别是权威人士推荐会取得较好的动销效果。

鼓励小店老板推荐新品，鼓励消费者互相推荐，凡是推荐购买者可以享受折扣或返现，形成熟人推荐口碑营销。

6. 高利润高回报

新品一定要给小店高利润高回报，让其愿意推，有动力推新品。激励渠道最好的办法就是产品单价利润高，在相同销量的前提下，卖一箱的利润相当于卖竞品三箱，小店自然愿意卖。

难点四：如何处理终端异议？

小店老板有异议是好事，俗话说："嫌货才是买货人。"每个客户都担心自己购买产品之后出现问题，在下单决定购买之前，会存在各种疑虑。这些

疑虑可以帮助业务人员取得客户信任，让客户更好地理解并且接受产品。因此，业务人员应抓住机会，鼓励客户提出问题，了解其想法，帮助对方解决疑虑。这样才能针对每一个客户的情况寻求解决的方法。

1. 处理销售异议的原则

原则一：永不争论

绝不和小店老板争论，不论他提出何种异议，业务员都先回答"对"或"我理解"，然后顺着话题往下说，引导客户讲出他真正的意思。跟客户争论是最愚蠢的对策，要先安抚情绪，再解决事情。

原则二：充分准备

见每一个客户之前必须做充分准备，永远想到客户前面，设想客户会提出哪些问题，并准备好答案，答案要提前写出来，背下来。如果准备充分，就什么都不用怕。

原则三：态度诚恳

在解决异议的过程中，态度一定要诚恳，绝不能敷衍，认真倾听客户产生异议的原因，同时在语言、表情、行为上给予适时的反应，鼓励客户把心中的疑问说出来。认真倾听是对客户的尊重，只要客户提出的异议不是无理取闹，业务人员就要先安抚客户情绪，让客户感觉自己得到了重视，获得了认同，那么，当你提出你的看法时，客户自然容易接受。

原则四：详细记录

俗话说："好记性不如烂笔头。"凭借记忆记住客户的异议极易产生错误和偏差。面对客户的投诉，我们要在听的基础上，做好异议记录，把握客户异议的关键点和期望解决值，这样在回答客户异议时，才会有所选择，有所侧重。

原则五：及时回复

对于客户提出的异议，一定要尽快答复。这样做的好处是，让客户真真切切地感受到被尊重、表示我们解决问题的诚意、防止客户负面宣传可能造成的恶劣影响。可以现场解决的问题务必当即回复，不能现场解决的问题给出准确回复时间，以赢得客户的信任，为以后开展工作扫清障碍。

原则六：区别对待

业务人员应将客户异议和客户本人区别开来，即区别对待客户自身和客户提出的异议，也就是"对事不对人"。充分体谅客户提出异议时的心情，注意保护客户的自尊心，避免对客户人身、心灵造成伤害。只有这样，异议的处理才会顺畅。

2. 解决客户异议的方法

解决客户异议分为以下三个步骤：

第一步，安抚客户情绪，满足客户的情感需求。

第二步，确实说明情况，不过度承诺。

第三步，适度影响客户而不是永远等待，化危为机，化异议为机会。

解决客户异议的方法及案例：

（1）客户说："我要考虑一下。"

对策：时间就是金钱。机不可失，失不再来。

询问法。在这种情况下，客户通常对产品感兴趣，但是没听懂你的介绍（比如某一细节），或者有难言之隐（比如没有钱、没有决策权）不敢决策，再就是推托之词。所以要利用询问法将原因弄清楚，再对症下药，药到病除。比如，"老板，我刚才到底是哪里没有解释清楚，您才说要考虑一下？"

假设法。假设马上成交，客户可以得到什么好处（或快乐），如果不马上成交，可能失去哪些利益。比如，"老板，您对我们的产品确实很感兴趣。假设您现在购买，可以获得××。我们一周才来一次（或才有一次促销活动），现在许多人都想购买这种产品，如果您不及时决定……"

直接法。判断客户真实情况，直截了当地提出疑问。比如，"老板，说真的，会不会是钱的问题呢？"或"您是在推脱吧，想要躲开我吧？"

（2）客户说："太贵了。"

对策：一分钱一分货，其实一点也不贵。

比较法。与同类产品进行比较。比如，"市场上××牌子的××元，这个产品比××牌子便宜多啦，质量还比××牌子的好。"与同价值的其他产品进行比较。比如，"××元现在可以买a、b、c、d等几样东西，而这种产品是您目前最需要的，现在买一点儿都不贵。"

拆散法。将产品的几个部件拆开，逐一解说，每一部分都不贵，合起来就更加便宜了。

平均法。将产品价格分摊到每月、每周、每天，尤其对一些高档服装销售最有效。买普通服装只能穿多少天，而买名牌可以穿多少天，平均到每一天，买名牌显然划算。比如，"这个产品你可以用多少年呢？按××年计算，××月××星期，实际每天的投资是××元。你每天花××元，就可获得这个产品，值！"

赞美法。比如，"老板，一看您就知道是讲究人，不差事。"

（3）客户说："市场不景气。"

对策：不景气时买入，景气时卖出。

讨好法。通过赞美客户聪明、智慧等，讨好客户。比如，"聪明人透漏一个诀窍：当普通人卖出时，成功者买入；当普通人买入时，成功者卖出。决策需要勇气和智慧，许多成功人士都在行业不景气时奠定了成功的基础。"

化小法。景气与否是大的宏观环境变化，是个人无法改变的。对每个人来说，短时间内还是按部就班，一切照旧。这样将事情淡化，将大事化小来处理，就会减少宏观环境对交易的影响。比如，"这段时间很多人谈到市场不景气，但对我们个人来说，还没有太大影响，不会影响您××产品的生意。"

例证法。举前人的例子，举成功者的例子，举身边的例子，举一类人共同行为的例子，举流行的例子，举其竞品门店的例子，让客户向往，产生冲动，马上购买。比如，"××老板，你隔壁在××时间进了这种产品，卖得如何？如果你不要，他就独家卖了。"

（4）客户说："能不能便宜一些？"

对策：价格是价值的体现，便宜无好货。

得失法。交易是一种投资，有得必有失。单纯以价格做出购买决策是不全面的，光看价格，会忽略品质、服务、产品附加值等，这对客户是个遗憾。比如，"您认为某一项产品价格过高吗？但是价格过低的产品一定有它的问题，价格低意味着产品本身、售后服务、附加价值（如资源投入）不尽如人意。"

底牌法。通过亮出底牌，让客户觉得这种价格在情理之中，买得不亏。比如，"这个价位是产品目前在全国的最低价位，您想再低一些，我们实在办不到。"

诚实法。在这个世界上很少有机会花很少钱买到最高品质的产品，这是一个真理，告诉客户不要存有这种侥幸心理。比如，"如果您确实需要低价格的，我们这里没有，据我们了解其他地方也没有。但我们有稍贵一些的××产品，您可以看一下。"

（5）客户说："别的地方更便宜。"

对策：服务有价，现在假货泛滥。

分析法。大部分人在做购买决策的时候，通常会了解三个方面：产品品质、产品价格、产品售后服务。依次分析这三个方面，打消客户的顾虑，让其"单恋一枝花"。比如，"××先生，那可能是真的，毕竟每个人都想以最少的钱买最优质的产品。但我们这里的服务好，可以帮忙进行××，可以提供××，您在别的地方购买，没有这么多服务项目，您还得自己花钱请人来做××。这样又耽误您的时间，又没有节省钱，还是我们这里比较恰当。"

提醒法。提醒客户现在假货泛滥，不要贪图便宜而得不偿失。比如，"为了您的幸福，好的品质和价格两方面您会选哪一项呢？您愿意牺牲产品品质只求便宜吗？如果买了假货怎么办？您愿意不要我们公司良好的售后服务吗？××先生，有时候我们多投资一点，获得真正好的产品，也是蛮值得的，您说对吗？"

（6）客户说："没有预算（没有钱）。"

对策：制度是死的，人是活的。没有条件可以创造条件。

前瞻法。给客户讲解产品可以带来的收益，催促客户做预算，促成购买。比如，"××先生，我知道一项事业需要仔细地做预算。预算是帮助公司达成目标的重要工具，但是工具本身须具备灵活性，您说对吗？××产品能帮助您公司提升业绩并增加利润，您还是根据实际情况调整预算吧！"

攻心法。分析产品不仅可以给店主带来好处，还可以给他周围的人带来好处。购买产品可以得到利润、人流，如果不购买，他将失去一次机会。这个机会对他非常重要，失去了会很痛苦。尤其对一些犹豫的店主，可以告诉他们竞争对手已进货，并产生了效益，他不购买的话将由领先变得落后。

（7）客户说："它真的值那么多钱吗？"

对策：怀疑的背后就是肯定。

投资法。购买决策就是一种投资决策，普通人很难对投资预期效果做出正确评估，都是在使用过程中逐渐感受到产品或服务给自己带来的利益。既然是投资，就要多看看以后会怎样，现在也许只有一小部分作用，但对未来的作用很大，所以它值！

反驳法。利用反驳，让客户坚定自己的购买决策是正确的。比如，"您是位眼光独到的人，您现在难道怀疑自己了？您的决定是英明的，您不信任我没有关系，您也不相信自己吗？"

肯定法。先肯定产品，再逐条分析肯定的理由，以打消客户的顾虑。可以对比分析，可以拆散分析，还可以举例佐证。

（8）客户说："不，我不要。"

对策：我的字典里没有"不"字。

比心法。业务员向别人推销产品，遭到拒绝，可以将自己的真实处境讲出来与客户分享，以博得客户的同情，促成购买。比如，"假如有一项产品，您的客户很喜欢，而且非常想要拥有它，您会不会因为一点小小的问题而让客户对你说'不'呢？所以××先生，今天我也不会让您对我说'不'。"

死磨法。坚持就是胜利，在推销过程中，没有一问客户，客户就说要购买产品的。客户总是下意识地提防推销，所以业务员要坚持不懈、持续地向客户推销产品。如果客户刚一拒绝，业务员马上撤退了，客户就不会对业务员留下印象。

（9）客户说："上一次的问题还没有处理，货还没有给我换。"

对策：补偿止损，及时解决。

补偿法。潜在客户说："你这个产品设计、颜色都非常棒，令人耳目一新，可惜品质不是最好的。"业务人员说："××老板，您真的眼力特别好，这个皮料的确不是最好的，若选最好的皮料，价格可能比现在高出几倍。"

业务员这时使用的方法叫作补偿法，也就是当客户提出有事实根据的异议时，业务员应该欣然接受，强力地否认事实是不智的行动。千万不要否认，而要给客户一个补偿，让他感觉到心理平衡，也就是让他感觉产品售价跟产品价值是一致的。简单地说，就是让他感觉这款产品物有所值。给他第二种感觉就是产品的优点对消费者来说是认同的，产品有没有缺点相对而言不太重要。世界上本来就没有十全十美的产品，产品的优点当然越多越好，但这些不是真正影响客户购买与否的关键。事实上产品的优点不是特别多时，补偿法能够有效弥补产品的弱点。

忽视法。一个业务人员去拜访服装店老板，对方一见到他就开始抱怨："哎呀！你们这个广告为什么不找明星拍呢？如果你们找比较有名的明星，我早就向你进货了。"这个业务人员面带微笑地说："您说得对。"然后接着向经销商介绍自己的产品。这就是忽视法。因为这个问题的重点不是请明星拍广告，而是客户要进多少货，谈广告很可能是浪费时间。有时客户提出某些反对意见，并不是真的想要讨论如何解决，那些意见和当下的交易无关，所以只要面带微笑地表示同意就够了。对于一些为反对而反对，或者只是想表现

自己的看法高人一等的客户的意见，如果不分主次地认真处理，不但浪费时间，还有节外生枝的可能。因此，满足客户的表达欲望后，就可采用忽视法，迅速展开你要谈的话题。

太极法。一个老板说："你们企业把太多的钱花在广告上了，为什么不把这个钱省下来，作为我们进货的折扣，让我们多一点利润呢！"业务人员说："您说得不错，企业一定要保证经销商有利润，但是，也正是这些有针对性的广告，客户才被吸引到指定的地方购买我们的产品。不但为您节省了销售时间，顺便也销售了其他商品，您的总利润还是最大的吧？"这就是太极法，借力使力，你一出招我就顺势接招再返招。太极法的基本做法是，当客户提出一些不购买的异议时，业务人员认为这正是其要购买的理由。业务人员将客户的反对意见立刻转换成必须购买的理由，就是借力使力的太极法。

转换法。将价格问题转换成价值问题，把价值问题转换成需求问题。

方法是技巧，是捷径，使用方法的人必须做到熟能生巧。这就要求业务人员在日常推销中有意识地利用这些方法，进行现场操练，直到形成条件反射。当客户提出任何异议，业务人员都不经思考就出口成章时，就真正实现了"除了成交，别无选择"！

难点五：临期产品企业不退，终端要求退，怎么办？

1. 广促物料的应用

设计制作一些与产品有关的小礼品，赠送客户，促进销售。

2. 赠品的应用

用一款临期产品捆绑其他临期或正常商品进行销售。

3. 特价销售

临期产品降价或打折促销。

4. 特殊陈列

在上述三种方法基础上，对临期产品做特殊的二次陈列，如地堆，并积极叫卖，营造一种抢购的氛围。

5. 捆绑促销

二合一，将两瓶以上的产品绑在一起以特价销售。

6. 找下水道

洽谈一个或多个长期处理临期产品的位置。比如有的位置卖大包装产品很好，就合理利用资源将该位置开发为长期处理临期产品的点。如果在每一片区都有一个这样的位置，那么何愁临期产品的销售问题。

7. 设计专案

设计退换货专案，同时抢占更多位置，卖进更多产品。退换货可以，但要换来相应的东西。

8. 封闭渠道促销

推动某种特定商品的销售，或推广某品牌，在特定渠道组织主题促销活动。其形式有：商业路演推广、抽奖、试饮等，以及为工厂、学校等大型单位（如食堂）供应产品。

组织临期品特价热卖，直接面向消费者，场地可以在工厂、菜场、集市、繁华路口、大商场广场等。

难点六：终端已有固定客户，不卖我们的产品怎么办？

坚持不懈，斗智、斗能、斗耐心。

1. 心态处理

终端有固定的同类产品客户很正常，不要害怕，要平常心，战略上藐视敌人，这里的敌人不是门店老板而是竞品。

2. 摸底调查

先掌握竞品情况，比如质量、价格、回款、售后等。找出竞品不足之处，用己方产品做比较。如果依然不能劝说客户改用我们的产品，那么就争取少量进货，至少先进场。

3. 软磨硬泡

坚持不懈，软磨硬泡，不断改变方式拜访客户，并且将我们的优势放大宣讲，用产品质量、售后服务、资源投入、动手服务打动客户。有些客户是急不来的，要用小刀伐大树。

4. 勤作客情

多拜访，多帮客户干活，不抱怨，不进货也没关系。就是多干活，多聊天，一点一滴，不要太多功利心，脸皮要厚一些，客户不让你来，你得来，不让你干活，你还得帮着干，并且和他说我的本职工作就是这个，你和我做不做生意没关系。用真诚感动客户，这个世上没有搞不定的客户，只看你用不用心。

5. 做周边店

如果这家店就是竞品的代理商，无论如何不会进你的货，这时就要想办法在他对面或就近的店培养客户，打擂台。

难点七：产品价格高，没竞争力怎么办？

不想当将军的士兵不是好士兵，只会卖低价产品的业务员也不是好业务员。一般成交看三点：性价比、客情、服务。所以当价格不占优势时就要拼客情，拼服务。

1. 迂回策略

产品价格只是销售的一个因素。在推广产品时不要一味给客户讲价格，要学会迂回。分析我们产品的优势，贵有贵的理由。学会拆分产品，将产品优势一项一项分开给店主介绍，同时告诉他卖我们产品的好处。比如，一分钱一分货，原料不一样，产地不一样，工艺不一样，级别不一样，品牌不一样，以及产品资源投入、售后服务不一样，等等。将产品优势掰开了、揉碎了讲，客户自然就会接受了。

2. 返点政策

价格可以随采购量浮动，与回款挂钩，量大优惠，回款快优惠。

3. 做客情拼服务

很多事情难就难在客情不好，假如客情好，就没有难事。所以我们才强调，服务是小店业务员的灵魂，是一切。做好终端服务，手勤眼快、嘴甜心活，多做笔记，做一个有心人，一切自然水到渠成。

4. 排排坐，做对比

遇到这种情况时，可将竞品与己方产品的优劣势全部列出来一项项对比。如果己方产品更有竞争力，就给客户看，用数据和事实说话更有说服力。如果己方产品哪里都比不过竞品，也能知道输在何处，然后说服你的上级领导快速调整。有问题不怕，就怕不知道问题在哪里。

5. 资源补偿

不能降低价格，可以给些资源，比如建立阵地、定点定时促销等。既可以帮店主卖货拉人气，又可增强其信心及满意度。

难点八：如何解决应收账款？

对于小店业务员来说，一定要采取现金交易，避免出现账期及应收账款。否则小店业务员的存在价值将被大大降低。

建立生意原则，杜绝赊账，宁愿生意不做，也不赊款。

难点九：业绩做得好，企业不给升职加薪怎么办？

1. 自我反省

自我反省一下，好业绩是不是凭自己本事做出来的，而不是借力品牌或市场机会？如果你能做到无论做哪款产品、哪个品牌，终端都相信你，跟随你，那么毫无疑问你就在这个区域有了话语权。如果不能，那么你的认识是假象，继续努力吧！

2. 自我学习

不断地积累各种知识、技能、人脉，不断地自我提升，任何一家企业都有可取之处，都有值得学习的地方，不要自大，要认真地学习、积累。

3. 找一个好的平台

当你在一个地区拥有了话语权，一定有很多人来找你。不断接触新的平台、新的人脉，留意每个机会。仔细观察你属意企业的企业文化及管理人员的职业操守、专业能力，择优选择平台，并在适当时机跳槽。不打无准备之仗，最好的做法是等人挖你，而不是你去找别人。

难点十：如何维护价格体系？

价格体系设计是企业的任务，维护价格是终端的任务，小店业务员要做的是执行企业的价格体系。

1. 硬手段

（1）动手打价

货架价格维护。一定要给货架上的每一瓶/个产品打价，如果不能就标价。检查价签放置是否正确，价签与产品是否相对应，价签是否醒目突出、引人注意、易于观看。

堆头及促销价格维护。促销产品的价格是否调成了促销价，促销过后是否调回了正常价格。

（2）明确底线

告知终端我们产品的售卖最低价，特别是重点及生命线产品，注意零售价是否过高或过低，及时加以规劝、纠正。有无低价、无协商特价销售的行为。超过底线要软磨硬泡说服回调价格，实在不行就断货，但过程中要注意方法，不要激怒客户。好好说话，态度要软，但下手要硬。

（3）及时反馈

及时反馈市场上窜货乱价行为，取得领导的支持。

2. 软刀子

（1）沟通协调

围绕"卖产品不是卖便宜"这一核心思路与门店沟通。

（2）统一战线

很多时候小店价格体系改变是因为周边大卖场或电商平台价格出现问题，因此要和公司反馈。同时，对于价格问题，要当着小店老板的面向直属领导电话汇报，在价格维护上里子和面子都要坚定地和小店站在一起。

（3）资源补贴

对于维护价格的门店要给予奖励，要么给予返利，要么给予资源。对于价格维护不利的门店，资源要减少或取消。

价格体系的管控不是小店业务员的责任，而是企业的、经销商的。小店业务员只是维护价格体系中的一个环节而已，还不是最关键的一环。很多时候小店业务员都成为替罪羊，但是小店业务员的价格维护工作是必需的，也是至关重要的。

● 本章重点

服务型车销作业八要素与八步骤。

服务型预售作业六要素与八步骤。

车销装载十八招。

拜访线路的编排与投计。

陈列的艺术。

整理货架的技巧。

建议订单的四个必杀技。

服务型预售应注意的三个事项。

业务人员工作中的十大难点及解决办法。

● 本章思考

我自己的区域适合车销还是预售？

我的陈列还有哪些不足？

车销作业八要素与八步骤，哪些是我缺失的或没有做到位的？

如何调整现有拜访线路？

建议订单环节还有哪些需要练习？

第四章

走向新时代

——新零售时代小店业务员的未来

导　读

　　自2016年10月马云在云栖大会上首次提出新零售概念以来，新零售以不可思议的速度改变了中国商业业态与格局。那么什么是新零售？它产生的背景是什么？它对生意链条上的每级组织有着哪些影响？各级组织应该如何应对？会给小店业务员带来哪些机会与挑战呢？小店业务员在新零售时代又要有哪些改变？这些问题就是本章我们要学习的内容。这一章对小店业务员至关重要，因为新零售时代将让一大批小店业务员失业，同时让一小批业务人员成为佼佼者。大浪淘沙的时代到来了。

　　本章分为以下两个小节：

　　第一节，全面解析新零售，新零售产生的背景，新零售的定义，新零售对商业的前台、中台、后台的重构内容与逻辑，生意链条上每级组织应对新零售的方法。抽丝剥茧，一窥新零售的全貌。

　　第二节，详细介绍小店业务员在新零售时代面对的机遇与挑战，小店业务员在B2B平台公司工作的技巧与方法。

　　通过本章的学习，希望大家对新零售有一个比较全面的认识，更重要的是学会如何在新零售环境下开展工作，成为卓越的新一代小店业务员。

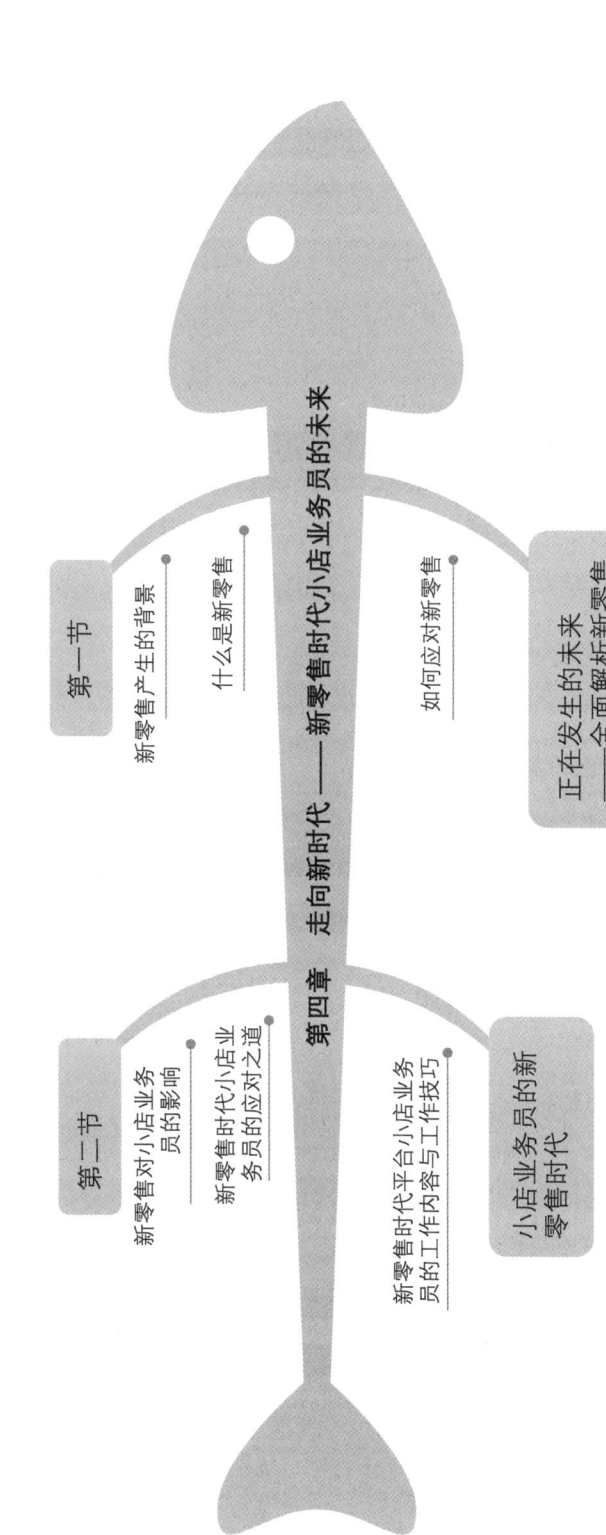

第四章　走向新时代——新零售时代小店业务员的未来

第一节

新零售产生的背景

什么是新零售

如何应对新零售

正在发生的未来
——全面解析新零售

第二节

新零售对小店业务员的影响

新零售时代小店业务员的应对之道

新零售时代平台小店业务员的工作内容与工作技巧

小店业务员的新零售时代

第一节　正在发生的未来——全面解析新零售 ▶▶

一、新零售产生的背景

自马云2016年提出新零售概念以来，新零售立即成为商业领域的年度热搜与新风口。新零售以不可思议的速度渗透到工作和生活的方方面面，它给传统商业、零售业带来的冲击是核爆级的。对每个人，对全社会，甚至对全世界的影响都是深远的，这是一个典型的蝴蝶效应。

我们看到了新零售带来的巨大商机，基本上可以确认，我们正处于新零售时代的风口上。特别是从事营销、快消行业者，有责任，也有必要深入研究新零售。基于我的职业要求，基于自身生存与发展的需要，从以下四个方面解析新零售概念，希望对大家有所帮助。

第一，新零售从哪里来？即新零售是如何产生的，它产生的背景是什么？

第二，新零售到底是什么？即新零售的本质、核心与定义是什么？

第三，新零售要到哪里去？即新零售到底如何重构与重组传统零售的前台、中台、后台？

第四，如何应对新零售？即站在商业角度，生意链条上的各级组织应该如何应对新零售？采取哪些措施与手段？

新零售是阿里巴巴"五新战略"的引擎。"五新"分别是新零售、新金融、新制造、新能源、新技术。新零售也是2016年马云着语最多的话题，阿里巴巴强势进军新零售领域，盒马鲜生、大润发、零售通……与此同时，各路资本疯狂涌入"五新"领域。据不完全统计，仅2016年、2017年两年，针对新零售B2B平台领域的投资就超过百亿元，如下表所示：

表4-1　2016—2017新零售B2B平台投资统计

获投平台	获投时间	获投轮次	获投金额	投资方
蜗牛快采	2016年7月	天使轮	未透露	洪泰基金
集迈么	2016年7月	天使轮	数百万人民币	未透露
云店互联	2016年7月	天使轮	600万人民币	顺为资本
橙堡科技	2016年7月	天使轮	400万人民币	未透露
51订货	2016年7月	B轮	1.5亿人民币	彬复资本、常春藤资本lvy Capital\恒毓资本、顺为资本
货速达	2016年8月	天使轮	1亿人民币	小龙王食品
中商惠民网	2016年9月	B轮	13亿人民币	聚腾时尚产业基金、西部优势资本、中合担保、达晨创投、人众资本、同系资本
易酒批	2016年10月	C轮	1亿美元	景林投资
掌合天下	2016年10月	收购	75600万元	大集网贸47.25%海航商业3.75%
选易惠	2016年11月	Pre-A轮	数千万人民币	中骏资本、唯猎资本、典石资本
挖酒网	2016年12月	B轮	1.3亿人民币	招商证券
万商壹站	2016年12月	A轮	数千万人民币	乔景资本、顺融资本
丹露网	2017年1月	Pre-A轮	未透露	未透露
酒云网	2017年2月	A+轮	2000万人民币	涌铧资本
1号生活	2017年3月	A+轮	7800万人民币	弘道资本、华彬资本、浪淘沙资本、厚兴资本
爱便利	2017年3月	B轮	2亿人民币	ClearVue锴明投资
预便利	2017年4月	Pre-A轮	1亿人民币	中鹤集团

续表

获投平台	获投时间	获投轮次	获投金额	投资方
淘实惠	2017年5月	A+轮	数千万人民币	阿米巴资本、国海创新资本、前海永宣、大周投资
店达商城	2017年5月	B轮	8000万人民币	顺为资本、空中网、合力投资、时空五星资金、德同资本、充澄资本
百货栈	2017年6月	Pre-A轮	超千万人民币	源科资本

（数据来源：托比网数据库、网络媒体）

以上只是新零售领域的一个分支。对于这种现象，我认为有以下四个方面的原因：新技术革命的必然结果；新商业格局变革迭代过程中的一个必然路径；互联网商业进入下半场，线上线下突破困境的现实需要；消费升级、资本的狂欢。

1. 新技术革命的必然结果

图4-1　三次工业革命带来的变革

第一次工业革命发生在18世纪，以蒸汽机的广泛使用为标志。蒸汽动力代替人力，工厂代替手工作坊，出现了流水线作业，同时生产开始集约化、标准化、规模化发展，人类进入机器时代。这一时期，主要生产资料是煤等自然资源。在英国，圈地运动使大批失去土地的农民被迫迁移到城市成为工人。这个过程是血淋淋的，但是一个不可改变的事实是人类从分散的乡村走向集中的城镇，初步实现了城镇化。所以在1870年以前，传统零售业态主要是店铺、集市。1870年以后，由于工厂的集约化生产，生产成本因为规模化而出现下降，大城市开始出现，百货商场应运而生。

第二次工业革命发生在19世纪，以电力和内燃机的广泛使用为标志，主要生产资料是电、石油等自然和再生资源。出现了电灯、电话、汽车，人类进入电气自动化时代。人们生活节奏加快，对生活品质要求越来越高，超级城市开始出现。所以1930年产生了超级市场，1950年产生了便利店、品类专业店、购物中心。

第三次科技革命有两个阶段。第一阶段是20世纪，代表是计算机与核能，出现了平台，生产资料是再生资源，产生了计算机、数据库、核电站，人类进入信息数字化时代。第二阶段是21世纪，出现了互联网、信息物理、信息技术，出现了创客，生产资料是数据与算法，出现了智能制造、人工智能与万物互联，解放了人类的脑力。2010年开始，出现智能手机，于是出现移动购物，人类进入新零售时代。而新零售时代所带来的最大变化是生产方式的逆向牵引，消费者主权时代真正到来了。

新零售是人类技术革命发展的必然结果，技术永远为人类所用，同时也在改变人类的生活方式。新技术取代旧技术，必然会带来阵痛，但时代与人类前进的步伐是无法阻挡的。没有技术的革新，没有互联网及信息技术，新零售是无法产生的。

2. 新商业格局迭代过程中的一个必然路径

技术革命是一个起点，引起蝴蝶效应，推动了多米诺骨牌，第一个倒下的是商业格局，主要体现在商业的营销模式升级与商业基础设施的进化迭代上。

（1）技术革命带来人类大变革

技术革命带来的是整个人类社会的变革，是整个商业格局的变革，商业格局变格是从营销的进化迭代开始的。

三次技术革命导致商业营销产生四次进化。

第一次工业革命，进入产品规模化时代，以产品为中心的营销，解决企业如何更好地"交易"问题，功能诉求、差异化卖点成为帮助企业实现从产

品到利润的路径，这时是以产品为核心，这是营销1.0的时代。

第二次工业革命电机时代，开始建立以消费者为导向的垂直营销体系，不仅仅需要产品有功能差异，更需要企业向消费者传达情感与形象，以品牌为核心，这是营销2.0的时代。

第三次技术革命，第一阶段信息时代，以价值观驱动营销，它把消费者从企业"捕捉的猎物"还原成"丰富的人"，是以人为本的营销，这是营销3.0的时代；第二阶段数据时代、智能时代，以大数据、社群、价值观营销为基础，企业将营销的中心转移到如何与消费者积极互动、尊重消费者的价值观、让消费者更多地参与品牌价值的创造。在数字化连接时代，洞察与满足这些连接点所代表的需求，帮助客户实现自我价值，就是营销4.0所需要面对和解决的问题，它是以价值观、连接、大数据、社区、新一代分析技术为基础所造就的。关于这个部分，我强烈推荐大家去看科特勒的《营销革命4.0：从传统到数字》这本书，里面有技术革命对营销优化的详细讲述，同时也会告诉我们在营销4.0时代，要做出哪些改变。

（2）新技术让商业基础设施、消费者和行业发生了很大的变化

新商业基础设施初具规模：大数据、云计算、移动互联网；智慧物流、互联网金融；平台化统一市场。互联网发展逐步释放经济与社会价值，推动全球化3.0进程。

新技术也让消费者发生了很大变化。中国新生代网民（90后）已经成长为社会中坚力量，是消费的主流人群。现在的消费者数字化程度高，认知全方位，购物路径全渠道。

新技术也改变了零售行业。而中国消费升级引领全球消费增长、新一代价值主张，全球实体零售发展放缓，亟待寻找新的增长动力。中国实体零售发展处于初级阶段，流通效率整体偏低，缺乏顶级零售品牌，同时多元零售形态涌现而出。

新零售是商业时代变革应运而生的产物，是商业时代变革的一个小小

注脚。

3. 互联网商业进入下半场，线上线下突破困境的现实需要

电子商务的二十年，是高速发展的二十年，是中国商业史浓墨重彩的二十年。电子商务的发展，引领商业格局发生变化，消费习惯发生变化，营销发生变化，但电子商务的发展，已经达到一个瓶颈，线上流量红利已经趋于极限，向线下渗透已是必然，互联网经济来到下半场，而新零售就是电子商务的升级进化。

电子商务在中国的崛起速度让人瞠目结舌，但是从2016年以来其高速发展的势头已减弱，网上流量的收割基本趋于极限，要想有新的增量，战场必然从线上走到线下。这也是马云提出电商已死、新零售当兴的另一客观原因。

2015年，新零售横空出世的前一年，线下传统零售业进入发展瓶颈。以快消品为例，超市增长速度放慢，传统的杂货店、小超市不见起色，大卖场甚至销量下滑。

新兴的零售形式是快消品增长的主要来源，还有就是便利店的发展始终稳健。2015年实现了14%的增长，是2014年的两倍，中国的日益城镇化建设给便利店带来了发展的空间。

线上、线下的发展瓶颈，让双方开始确认眼神，彼此就是对的人，于是由对立走向融合，而2016年是最合适的一个契机，双方都到了你需要我、我需要你的时刻，因此新零售的出现自然水到渠成。

4. 消费升级、资本的狂欢

新零售的发展离不开消费升级的发展需要，更离不开资本的推波助澜。

（1）消费升级

改革开放让我国人民的收入有了明显提高，人们从追求生存变为追求生活质量，中国居民的消费支出持续增加。消费升级让新零售的尝试有了更大的空间与机会，同时为新零售发展提供了最好的现实基础与理论支撑。

（2）资本的狂欢

正是因为新零售具备良好的理论与现实基础，同时又具有广阔的发展前景，所以才迅速引爆了各路资本的投资热情。关于这一点，大家可以回顾各路资本对B2B平台的投资以及2017年、2018年发生的热点事件。

而马云的聪明之处在于，让所有人一起来做大新零售产业。因为他知道光凭自己是无法破局的，他需要更多人一起来玩这个局，一起破这个局，而能坚持到最后的一定是阿里巴巴。马云的底气在于其生意布局，新零售的布局基于阿里巴巴大数据战略生意链，阿里巴巴的收益不仅来自新零售，更来自其商业生态系统。新零售必然挤压传统零售的市场份额，但是阿里巴巴的大数据发展战略将迅速发展，最终成就其宏观的生意链条。

在我看来，对于整体商业格局生态没有很好地布局，或者没有丰富经验的投资者，如果只是凭着一腔热血贸然进入这个领域，基本上会空手而归。因为新零售不只是零售那么简单，还涉及生产制造、物流供应链、平台金融、技术服务等，与新金融、新制造、新能源、新技术环环相扣，并非独立存在。

综上所述，新零售产生的背景是深层次、多元化的。既是消费升级、零售业态现实发展需要、技术革命的必然，也是商业变革迭代的必经之路，是资本狂欢后的必然结果。

二、什么是新零售

什么是新零售？我认为要从三个方面解码新零售，第一新零售的基因是什么？第二新零售的特征是什么？第三新零售如何重构传统零售？

1. 新零售的基因

新零售不是凭空产生的，新零售再怎么新也是零售，它是由传统零售进化而来的。因此我们有必要对新零售与传统零售进行对比，这样可以方便我们更好地了解新零售。

传统零售的交易方式是传统的，产销体系是垂直的，交易的场景是封闭式的，生意交易及供应链条是串联与链式的结构。而新零售因为数据成为生产资料，算法成为流水线，交易的方式是智能的，产销体系是互联的，交易的场景是开放的，生意交易及供应链是网状的与泛式的结构。

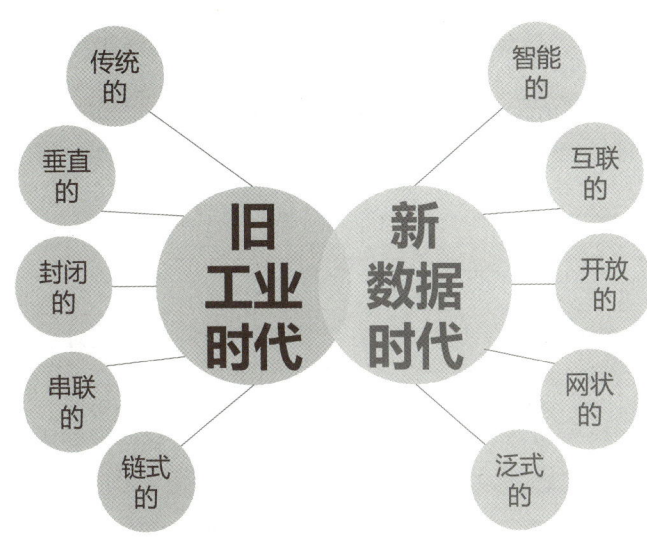

图4-2 传统零售和新零售结构对比

理解新零售，绝不能只站在新零售单一的维度，而是要站在新商业、科技革命的深度去思考。新零售只是第三次科技革命的一次升维攻击，是新商业中的一个环节，如果不从新商业的整体角度去思考，我们看到的将只是一个片段。新零售的本质是因为新技术的驱动，数字成了最重要的生产资料，算法成了未来最重要的流水线，取代工业时代钢铁和电驱动的流水线，使传统商业的基因发生了突变，构成新商业的双螺旋是网络协同与数据智能。

互联网对广告行业、零售行业、物流行业带来巨大冲击，商业营销体系因此发生改变。科特勒认为，互联网技术促成了市场主导权力由企业向消费者转移的过程。市场包容性越来越强，社交媒体打破了地理和人群的界限，使人们互联互通，使企业合作创新。用户的选择越来越水平化，他们对待品牌市场营销的态度越发谨慎，更多地依赖F因素（朋友、家人、粉丝、关注者）。用户的选购过程比过去更加社群化，在选购时他们更为关注社交圈子提供的意见，从线上和线下两种渠道综合他人的建议和评价。

线上线下一体化将不仅是一个趋势，而是一个必然，我们需要探讨线上线下是基于什么样的理念、方式、方法实现一体化。而新零售其实就是新商业背景下，线上和线下交互趋同的必经之路。我们面临的是商业格局大变革，未来是商业智能的时代，而新零售只是商业智能时代进程中的一个注脚。

我们已经看到由于互联网的发展及云计算、大数据、人工智能的加速变革，所有商业业态都在快速智能化。而商业的智能化建立在两个核心机制基础上：一个是网络协同，即传统产业的线性结构被重构成多元交互的网状结构，实时协同；另一个是数据智能，即通过算法处理海量数据，商业决策变成机器决策。例如淘宝，每个用户打开淘宝首页看到的都是根据其过往交易记录、交易习惯形成的个性化界面，而如此大数量的交易数据不可能是人工处理的，只能是基于数据与算法的数据智能。所以我们可以看到，这是一个正在发生的未来。

智能商业将是企业未来全新的生存方式，网络协同和数据智能就是新商业文明DNA的双螺旋。而新商业文明的DNA是新零售、新制造、新金融、新技术、新能源都必须具备的基因。所以新零售的每一个环节就是要完成网络化与数据的过程，当然这个过程有先有后，有快有慢。所以无论是厂商、渠道商（经销商等）、品牌商、物流商、零售商还是电商平台，都应向这个方向进化，任何新零售企业都必须具有这样的基因。

2. 新零售的特征

我们现在面临的是一个泛式大变革，是一场商业升维的竞争，大家拼的是未来的这张蓝图。不管现在走在新零售路上的企业认为自己有多投入，有多创新，都仅仅只是开始。所以在现阶段，检讨自己是否符合未来的大趋势比在现阶段取得局部的胜利重要得多。在我看来，今天所有的创新只是为未来做一个铺垫，但是今天的创新又是必要的，因为今天的创新成就明天的未

来，你今天所做的将决定明天不同的成果。

新零售具备怎样的基本特征？

第一个是由以企业为中心，走向以消费者为中心。也就是科特勒所说的权力转移，消费者主权时代真正来临。未来的一切以消费者为中心，"消费者驱动"在工业时代只是一个口号，而在数据时代是基本原则，是竞争的起点，这是完全不同的概念。未来不再有所谓的刚需，需求是在动态的过程中被持续地挖掘、持续地满足、持续地涌现的，它永远是一个过程。所以互动非常重要，我们对新零售做的所有创新都应该围绕一个核心，提高实时互动的可能性、丰富度和效率。因为互动的不断加强，就是协同网络不断扩张的过程，这个非常重要，所以我们需要的不仅仅是一个全渠道，线上线下一体化、营销一体化、社群建设将是未来营销非常重要的载体。这一点我们在网红身上可以看得非常清楚，一个网红带动的销售是非常巨大的。比如李佳琦在某网站给某口红做的一个直播秀，一小时销售额达到了不可思议的数字。

第二个是供应链的重构，供应链的网状协同实现了以前从未实现过的共赢，也就是个性化、快速反应、低成本、高丰富度。过去我们永远要在这几点间做取舍，而未来这几点将全局、持续、动态地优化。而动态的优化其实就是我们在人工智能里用得最多的迭代，是基于机器算法的自动高速迭代，不再是人脑的低效学习。这一点在阿尔法围棋与人类顶尖棋手的人机大战上体现得最为明显，从跟人学习，到自我学习再到增强学习，再清楚不过。未来商业是智能商业的升维竞争，因为数据智能的自我优化，是一个加速度的自我优化过程，这一点会让后来者非常难以追赶。

第三个是所有业务环节在线化、数字化。这不是指在天猫开家店或在B2B平台注册家商铺，而是指所有核心业务流程直接在线，而且不需要人的干预，完全由机器决策。对企业而言，不是成立B2B部门，与新零售平台商家建立合作就能跻身新零售，而是要有完善的战略布局。

第四个是数据的智能化，可视化全智能。未来的数据不是用以支持人做决策的，数据就是决策，这个决策是由机器基于算法自动完成的。只有达到自动化数据决策的过程，才能形成活数据的闭环，才能够让所谓的人工智能在快速反馈封闭环节自我学习，自我加强。注意是活数据，不是大数据，真正有价值的数据不在量的大小，而在于它是不是在业务流程在线过程中实时发生真实数据的沉淀，实时地处理与反馈，这样的数据才是有意义有价值的数据。

综上所述，新零售即以消费者体验为中心的数据驱动的泛零售形态，由单一走向多元，由原来的商品+服务，变为商品+服务+内容+其他。

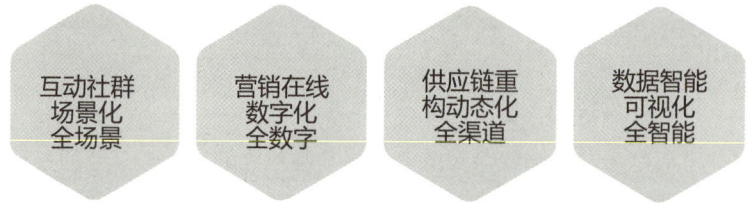

图4-3　新零售的特征

3. 新零售对传统零售的重构

新零售从原来的"货、场、人"变为现在"人、货、场"，重构并重新定义了零售这三个要素。同时，新零售也重新定义了商流、信息流、资金流、物流及营销4P。其实新零售就是对传统零售前台、中台、后台的重构再造。具体如下：

（1）前台

新零售重构了消费场景、消费者、商品，即零售前台。传统的消费场景是固定的，在线下门店完成，购物场地是百货公司、超级市场、社区店、便利店、农贸市场等，受时间和空间限制。而新零售的消费场景无处不在，只要有手机等移动端，无时无刻、无处不可以进行消费，除了线下的零售门店、线上的电商平台，还包括社群，比如朋友圈、公众号、小程序、网络直播等。而且新零售消费场景将是网络的、分享的、开放的、社会性的，不再受时间和空间限制。

传统零售下的消费者是模糊的群体，大多数情况下，由企业依据某一个消费群体轮廓或共有属性创造出一款产品，是垂直的、自上而下的过程。

新零售下的消费者将是创造产品的主体，根据自己的需求在企业定制产品。企业通过网络协同得到一个清晰的消费者画像，这个画像可以是一个群体，也可以具体到每一个人，有时会出现企业比消费者更懂自身的情况发生。其实现在很多平台已经可以做到这一点了，当我们在平台上输入我们想购买的产品，平台会自动根据你的消费习惯、消费能力、消费特点为你推送针对性的产品。而未来，将会实现由商家自动实时为你推送你需要的任何产品。

消费者的需求已经从以往产品的功能、价格诉求、性价比、耐用性和零售服务，进行了升级。现在及未来的消费者追求的是更高性价比组合，更高品质，标准化及个性化的功能，更多更好更全面的服务，以及更深度地体验与参与感，购买的不仅是商品还是文化与价值观认同。即由传统零售对商品本身+服务体验模式，升级到商品+服务+内容+其他模式。这一点可以从腾讯改变自己组织架构上得到证明，腾讯由原来七大事业群，变为现在六大事业群，其中新建了两大事业群：一个是云与智慧产业事业群（CSIG），另一个就是平台与内容事业群（PCG）。CSIG与数据智能相关与消费者需求持续挖掘相关，PCG与网络协同相关，与消费者需求被持续满足相关。

而基于消费者（人）、商品（货）、场景（场）的重构，其实就是基于对零售组成三要素人、货、场的重构与重组。那么现阶段及未来新零售将如何重构人、货、场呢？

传统的零售企业或品牌商是凭经验对模糊的消费者进行供货，凭经验进行产品组合、推广销售、计划生产等，消费者的反应是被动的，服务体验是割裂的。而新零售时代，企业或品牌商根据数据化，可以清晰辨识消费者的需求和服务，按需进行产品组合，提供最优的供应链，智能制造商品与服务，线上与线下是打通的，消费者可以随时随地享受到商品与服务。

零售三要素人、货、场将被重新定义，关系也将进行重组。人由原来单纯的被动的消费者，变更为合作生产者，他（她）不再只是购买、使用产品，而是参与产品的设计、生产、销售、使用每个环节，成为其购买产品真正的主人。消费者购买的不再只是商品本身，而是购买商品从产生到被消费使用的整个体验过程。场景由原来线上或线下固定场所，现在变为泛零售消费触达的全部场景，所见即所得。其次是三要素的关系重构：传统零售是先有货，再有场，最后是人，商品陈列在固定的场所由消费者浏览再进行购买，是以货为中心，受时间与空间限制。而新零售是先有人，再有货，最后有场。即以消费者需求为中心定制化生产产品，然后通过线上或线下全场景购买，不仅是定制化而且打破时间与空间限制。

新零售与传统零售相比，实现了人、货、场的升维。首先人即消费者由原来的模糊、割裂、碎片化的目标和人群认知，变更为清晰完整的目标人群画像；货也由原有的有限的消费认知设计生产的商品，变为品牌商与消费者共创的商品，商品更丰富、更精准、更个性化，全方位的优化体验里面不仅有货，还有一系列过程中的体验。而场由原来的线上或线下的固定场所，变更为线上线下相融合的多元化场景。

品牌商思考的方向也要发生改变，由传统零售研究消费者是谁、有哪些购买考量因素、有什么购买习惯到现在如何创造消费需求、激发潜在需求、发掘潜在人群。货由原来的考虑消费者需要什么商品、什么时候需要到现在要考虑商品和体验如何打造成有机整体。场从原来考虑在哪里购买、需要什么样的购买过程、如何触达到现在的可以营造哪些场景、让零售超越时间空间限制。

对于零售三要素：人、货、场的重构是我们解码新零售，认识新零售以及在未来新零售的创新之路上必须要深入研究的内容。

（2）中台

除了基于上述前台的重构，新零售还对市场、营销、供应链物流、生产

模式进行了重构，即中台的重构。首先新零售将是真正以消费者为核心的全域营销，传统零售受技术及环境限制，品牌商得到的链路数据不完整，颗粒度粗糙，而且可见度与可信度不高，支撑决策的数据都是片面的、不完整的，而且很难保证及时及真实性。而新零售数据将实现可视化、链路化、可追踪、可查询。数据打通消费者认知、兴趣、购买、忠诚及分享反馈的全链路，制定出的品牌策略、品牌传播、品牌运营全方位精细有支撑。关于新商业新零售对营销的影响将是全方位的，我强烈推荐大家去看科特勒的新书《营销4.0：从传统到数字》。书里面会谈到新商业、新零售对营销的全面影响，以及未来的营销如何进行重构与重组。

新零售将让未来的市场进入数字经济时代，数字化将统一市场，全球化、全链路、全渠道打破时间与空间的限制，任意场景下的任何两个主体可瞬间达成交易。交易越来越简单、快捷，而服务及时性，满足需求的反应时间越来越短。所以大企业要检讨自己规模化、大批量生产的经营模式，未来市场方向不再是大而强，而是大而快、小而美。

新零售将重塑高效的流通链条，新零售的核心是供应链效率的提升，新零售前期的竞争在某种程度上其实就是供应链的竞争。因为新零售将真正实现消费方式逆向牵引生产方式，打破原来由品牌商发起的，由上至下地从厂商到品牌商到渠道商到终端再到消费者这样的一个链式过程，未来的生产将由消费者直接发起，由消费者根据自己的需求与厂商、品牌商根据数据进行需求挖掘，进行个性化的定制，然后直接被传递到消费者手中，不再是B2C，而是C2B，打破了原来供应链前端和后端的界线与隔膜。全部在线自动完成，而中间的生产资料是数据与算法。

- 数字化生产
- 数字化转型咨询
- 智能制造

- 智能物流
- 数字化供应链
- 电商服务商（产业园等）

- 数字化服务培训
- 门店数字化陈列

  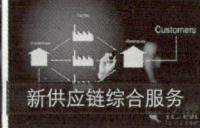 

新生产服务　　新金融服务　　新供应链综合服务　　新门店经营服务

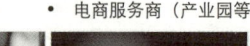

新零售服务商

图4-4　新零售服务商重塑高效流通链

（3）后台

新零售对后台的重构更是让人充满期待，未来将会由工业的经济基础设施变为数字化的经济基础设施，3D打印机、VR、AR将会彻底颠覆人类的生活方式。我们只需要畅想下当自动驾驶真正在路上跑的时候，我们的出行方式、工作方式、生活方式、城市的规划方式、零售方式等会发生什么变化，就会发现整个世界都将会被逐步颠覆掉。

新零售通过对前台、中台、后台的重构与重组，实现活数据对实体经济的全面赋能。新零售除了重构前台、中台、后台之外，还将重构整个商业模式。传统零售的商业模式是以企业为主导的B2C模式，是垂直、单向、封闭、线型、模糊的。而新零售的商业模式是以消费者为中心的C2B模式，是互联、网状、开放、泛式、智能的；在整个商业模式中，实现了对信息流、物流、资金流全部重构。

三、如何应对新零售

现在，我们基本上对新零售有了一个较为简单清晰的认识，那么我们该如何应对新零售呢？对于生意链条上不同的组织，都需要进行重新的思考并调整相应的方向。零售业态生意链条包括以下组织：生产商、品牌商、经销商、二批商、业务员、终端、消费者。

首先，是消费者，新零售时代消费者的主权时代真正到来，消费者的购物习惯将由原来的线上或线上单向变为线上线下结合，消费时间与场景也打破时间与空间限制，随时随地可以购买。消费体验变得更为重要，体验的方式越来越多元，对产品的认知上升到价值观认同与个人追求，消费渠道线上+线下+物流，越来越碎片化场景化不再局限于单一渠道而是全渠道无缝对接，消费决策不再是局限于局部片面信息，而是可以通过大数据个人喜好、品牌口碑、朋友推荐、消费者评价等综合要素获得。消费者将成为真正的主人，成为生意真正的发起者。对于消费者来说，面对新零售就是坐看风云，坐享新零售的成果，同时也要学会自己做主、选择、决策。未来的消费者将会为自己的喜好和自己的人生观、价值观买单，在消费过程中彰显自我色彩，还会变成推荐者甚至是零售者。

其次，新零售时代终端要从四个方面进行升级：①接受数字化升级，一切服务信息、流程全部在线化、数字化，一切商品、营销、物流信息化、数字化、可视化；②接受智能化升级，通过数字化信息收集与处理，及时反馈生意状况，提供全流程管理软件+无缝硬件+楼层实施服务，打造完整的智能店铺；③打造社区生活生态圈，未来零售终端要向社区的社交、娱乐、购物、交流、休闲单一体或综合体发展，卖的不是货而是打造一个圈子、一个生态；④成为释放需求、创造满足的集散地，消费者需求发源、创造、满足的交易地，小而美、快而优是终端的追求。

新零售的数字化与智能化将为小店生意插上隐形的翅膀，终端不再是单纯的销售个体，将变成智能化、人性化、社会化的生态终端。

对于二批商来说，这将会是一个安乐死的过程，新零售从商业逻辑上抢的就是二批商的生意，二批商将成为新零售登上王座的垫脚石。前期利用二批商绑架品牌商，使经销商与品牌商就范；中期会利用经销商与品牌商约束二批商，二批商会被限制；后期会利用商业模式整合一批二批商，消灭一批二批商，但二批商不会消失。升级是必须的，或做服务商，或做配送商。

当然，这还需要一个过程，我无法给出具体的时间，但新零售B2B平台成功之时，就是二批商死亡或重生之时。二批商应对的办法是利用自身的优势，前期尽最大努力索取资源，中期利用新零售向服务商或配送商转型，后期成为新零售战车上的一个配件或组织。

对于经销商来说，这是一次天大的机会，一定要正确看待新零售，新零售绝不是你的敌人，新零售不是要干掉经销商，所以经销商要有清醒认识，不要杞人忧天，而且要抓住这历史的机遇，升级转型，做强自己！当然新零售在发展过程中一定会淘汰一批经销商，请注意是淘汰而不是干掉或取代，被淘汰的经销商有两种，一种是对终端没有服务没有掌控力的经销商，另一种是自身物流配送服务效率低下的经销商，当然如果两者都有问题一定是最先被淘汰的。不是新零售要淘汰你，而是市场要淘汰你。

经销商应对新零售主要有四个方法：①积极拥抱，放眼未来，不要看不见、看不起、看不清就故步自封，经销商一定要积极拥抱，主动迎接，放眼未来，但是也不要盲目跟风，全盘否定自己，不顾一切；②要各取所需，明辨优劣，根据自己的发展阶段、实际情况，选择你要切入的角度，在选择新零售合作的B2B平台时要慎重，根据自己需求来选择平台，选择合作的方式；③把控优势，补足短板，要把控好自己的优势，充分利用新技术新理念弥补自身营销体系的不足，通过精准营销实现供应链各环节的高效配合与激励，最终使自身产品保持在消费者心中的最佳定位；④顺势而为，步步为赢，寻求合适距离的合作，顺势革新，以服务客户为导向创新。在合作中相互调整，相互融合，步步为营，打造自身产品优势及核心竞争力。

品牌商应对新零售相对复杂一些，因为品牌商在转型新零售过程中心情是最复杂的，特别是线下的知名品牌，而小品牌和新品牌则相对简单一些。越是知名的线下品牌越难转型，新零售的发展速度与这些品牌转型速度之间就是一场生死时速。如果大品牌转型升级速度跟不上，死亡会随时降临，这么说可能有些夸张，但现实就是这么残酷。现在还有充分的时间，新零售的

发展是捆绑在这些大品牌商身上的。对于品牌商来说，要向四个方面去努力：①变企业驱动为客户驱动，未来的一切都是以客户为中心，这是竞争的起点，越贴近客户越好；②实现所有的业务环节尽可能在线，而且不需要人的干预，机器直接决策，记住是一切业务环节在线，不只是订单在线；③用活数据，业务流程在线过程中发生的真实数据沉淀，实时处理和反馈，有价值的数据要进行算法的设计与规划；④让机器决策用活数据，通过算法让机器直接进行决策，并实时反馈更新。

数据时代，所有的品牌商都必须由产品为中心向客户为中心转型。什么叫以客户为中心？就是所有的数据都必须以客户为原点衍生出来。简单地说，就是以客户的账户体系为中心，由客户主动触发场景来采集用户的原生数据、场景数据、行为数据、交易数据，并以此为中心来决策品牌的各类经营行为。品牌商的应对方法如下：

第一积极拥抱，尽快参与。必须快速反应，积极拥抱，成立专门的小组及部门，参与到新零售的大潮中来，在升维的战争中占据有利位置，抢占先机，这非常重要。

第二实现业务环节全部在线。要尽快实现四个在线化，即客户在线化、产品在线化、员工在线化、管理在线化，才能最终实现四个现代化，即"企业平台化、品牌人格化、产品个性化、全员创客化。"

第三营销升级品牌赋能。营销要进行升级，从线下要向线上迁移，向线上线下一体化迁移，向场景化营销迁移，向内容建设迁移，向数字化互动营销升级转型。

第四供应链优化。优化整合供应链路，个性化定制服务反向推动供应链，以消费者数据为基础，数据化改造供应链，从而实现C2B或C2M模式。定制化的服务属性更为突出，可以拉近品牌与消费者的距离，实现产品个性化。

而对于小的品牌商来说，如果你还没有建立品牌，那么你的机会来了，尽情拥抱新零售吧。用什么方法都可以，只是不要让它拒绝你就行。

工厂要如何应对新零售呢？对于工厂来说，新零售倒逼制造企业，进行新制造的改革！所以马云的五个新是不能割裂开来的，它们都是新商业的一环，且环环相扣！对于工厂来说，面临的挑战将在十年后到来。转型是传统工厂现在必须考虑与布局的事情！如何布局，简单地说就是向你的客户贴近，生产要离你的客户距离近，服务的体验近，反应的速度要快。我认为要从三个方面来进行应对：第一就是生产在线服务化，生产不再是企业发起，而是消费者发起，从消费者需求发起到制造过程全部在线化，要让用户有参与互动！第二是生产制造小快灵，以消费者洞察为前提进行快速响应的方向，满足用户需求的设计，配以柔性化的供应链，快速地生产，能够最终用网状渠道结构及时触达消费者；第三是产品智能化，产品要能与消费者产生互动，在生产研发时增加能够使消费者产生黏性的黑科技。比如智能冰箱，可以实现人机对话、帮消费者设计菜单，还可以根据主人的心情播放音乐等。

新零售的成功只是时间问题，不是是非问题，而新零售改变的不仅是零售业态，也不仅是商业格局，而是整个世界。无论如何，不要让自己成为绊脚石，因为历史证明凡是阻挡人类前进的石头都会化为齑粉，审时度势顺势而为才是明智的选择。

但是我们也要理性地看待新零售，目前，新零售市场概念虽火爆，但落地情况却不容乐观。2016年，零售行业老大哥亚马逊曾放出一个即拿即走的购物宣传片，店面运用物联网技术、机器视觉、深度学习算法和传感器组成网络，实现新零售。但时至今日这家店也并未正式推出，宣传还是停留在概念阶段。

反观国内，2017年6月初，缤果盒子首家无人智能便利店在上海开业，店内采用无人售货形式，用户只需通过扫码完成支付，而后便可离开。但不幸的是，仅一个月的时间，这家店便贴出了"由于技术调试，暂时停运"的通知。理想很丰满，现实很骨感。那么，到底问题出在哪儿呢？

新零售对技术要求高，成本也随之水涨船高。据专家透露，一家Amazon Go店需要千万美元的投入。高额的成本压力下，商家对产出的期望可想而知，但由于技术应用以及生态不够成熟，新零售暂时还无法形成规模。

综合成本、人流量、租金等问题，办公室、社区等是目前新零售可以选择突破的场景。在这样半封闭的场景里，用户接收到的信息量较少，需求会在一定程度上被激发出来；同时环境相对安全，对技术要求不苛刻。

随着消费者购买行为的改变，新零售模式对传统零售的冲击将不断加大，但目前新零售囿于技术、成本等的限制，优势并不突出。到底谁能在这场战争中胜出，我们拭目以待。

我的判断将会是阿里零售通、京东新通路两强争霸，因为只有它们才有基于整个商业生态系统的大战略布局及技术与资源输出，这个优势是其他公司无法比拟也无法追赶的。不排除会有一些区域地方性的小平台在局部或某一领域内成功，但赢得的也只能是局部胜利，能够取得全面决定性胜利的必然会是阿里与京东。

通过新零售的解析，我们会发现，新零售时代早就到来了，并正在改变每个人的生活，同时也在改变着很多组织与个人的命运。那么新零售对小店业务员的命运会做出什么改变呢？小店业务员如何在新零售的时代抓住机遇，其作业技巧与方法又有哪些变化呢？让我们进入下一节和大家详细地阐述。

第二节　小店业务员的新零售时代 ▶▶

新零售对小店业务员意味着什么？小店业务员应该如何应对新零售？小店业务员在新零售时代如何开展自己的事业？这是本节的重点内容。

一、新零售对小店业务员的影响

新零售时代对小店业务员来说，将会产生马太效应，有能力的小店业务员收入将大幅提升，能力不足的业务员将面临失业危机。对于小店业务员来说，这是一个最好的时代，也是最坏的时代。

1. 新零售可以为小店业务员插上隐形的翅膀

新零售的数字化工具及供应链物流赋能，可以帮助小店业务员的作业有下列的改善：

（1）门店拜访科学化

线路规划更科学，门店服务时间分配更加合理。

（2）门店服务更加聚焦与专注

针对门店的服务可以更加有针对性并且聚焦，让服务更加的专注。

（3）资源投入精准化

可以帮助小店业务员资源投入更加精准与合理，提升投入产出比。

（4）建议订单效率化

数字系统可以帮助小店业务员在建议订单时更加客观有说服力，同时可以通过技术工具，直接将产品及订单推送到门店的面前。

（5）时间空间无界化

不再是一天只有8个小时营销服务，而是24小时皆可以进行售卖推广，同时交易的地点也不再局限于门店，而是可以随时随地的营销服务。基本上形成白天拜访服务，晚上售卖推广的模式。

（6）销售产品多样化

销售的产品不再仅是某一个品牌或某一个企业的产品，而可以是多个企业与品牌的产品，是产品集约化，一个人负责几个企业与品牌的产品销售。

2. 新零售会为小店业务员带来的负面影响

未来三年到五年，不能做出改变的业务人员将会面临以下问题：

（1）工作岗位减少

因为新零售的出现，通过对产品的集约化生产与销售，原来某一个企业一个业务员销售的方式转变为几个企业的产品通过一个业务员在一个区域进行售卖，不再需要大量的业务人员，势必进行裁员，工作岗位将变少。

（2）工作难度增加

工作难度、强度增加，要求小店业务员有更强的专业能力、更广的知识面，同时具备更好的网络服务推广能力，由售卖某一个品类产品变成售卖多品类产品，除了线下拜访技能，还须掌握线上透传（通过移动设备向群或平台发送数据信息）、宣传、销售技能。

3. 新零售为小店业务员工作带来新变化

（1）工作身份变化

工作身份将会发生变化，小店业务员将拥有更多的话语权及创业机会，不仅是企业的员工，还是合作伙伴。同时，对于终端来说，小店业务员也不再只是某一企业的业务员而成为小店店主的合作伙伴、服务商与供应商。小店业务员有机会由打工者变为创客。

（2）工作权利变化

工作的权利将变大，由一个企业的业务变成某几个企业的区域业务，在向小店卖进产品与服务的过程中，手中的资源与砝码变得越来越多，越来越重。

（3）工作时空变化

工作的时间不再是8小时，而是12—16小时，甚至是24小时。工作地点也不再局限于门店，新零售的销售将打破时空的限制，在线下进行门店拜访服务，信息收集，在线上进行有针对性的宣传与销售，工作的时间将变得更加模块化、碎片化。销售的完成不再局限在门店，还可以在网络上、平台上。随时随地即刻发生交易与销售。

（4）工作模式变化

工作模式不再是单一的线上或线下作业模式，也不是线上与线下工作模式简单相加那么简单，而是线上线下作业融合为一体的全新的工作模式。

（5）工作内容变化

工作内容发生变化，这里所说的变化不仅仅只是由线下的日常拜访及线上的透传推广卖进这么简单，而是一个线上与线下融合的全新的工作流程与工作内容。

（6）工作效率变化

工作的效率将更加科学与高效，新零售将会提供精准的门店需求信息，并适时推送给小店业务员，平台的数字化功能将会为小店业务员的工作带来高效率与高产出。

（7）工作技能变化

工作的技能将会增加，由原来单纯的执行者，向管理者与经营者转变，除了日常的专业技能拓展增加外，还需要增加自己网络销售推广的技能，比如：门店数据分析与针对性促销方案设计推广的能力，网络销售文案撰写的能力等。总之小店业务员将成为门店的生意合作伙伴与专业服务供应商，除了需要具有把产品卖给小店的技能，还需要有帮助小店把产品卖出去的技能，对小店业务员的需求是越来越高了。

综上所述，我们可以发现，新零售对于小店业务员的改变将是颠覆式的、

革命性的，同时也会是血淋淋的，但是无论如何，这种改变是有利于社会进步与发展的，这种趋势将不可阻挡，对于小店业务的从业者来说，必须拥抱变革，并加速自我的改变，在这一波发展的浪潮中不被淘汰，并成为其中的受益者与佼佼者，机会从来都只给有准备的人。

二、新零售时代小店业务员的应对之道

新零售是一次宝贵的历史机遇，因此积极地做出自我改变是每个小店业务员必须要做的事情，从以下五个方面展开：

1. 重新自我定位

要重新进行自我定位，不能再把自己定位成打工者，而是要定位成创客老板，要从一个执行者的角色转变为管理者、经营者、创业者，要以生意人的身份来要求自己，改变自己。

要变被动工作为主动工作，同时要使自己努力成为某一特定区域的终端销售全能王，让自己成为某一区域内产品到达终端这一环节不可或缺及无人能替代的人，使自己成为厂商、经销商、终端都离不开的人，做真正的掌握自己命运的人。与厂商、经销商、平台不再是上下雇佣关系而是平等合作关系，与终端、消费者是服务与供应关系，使自己成为区域内独一无二的营销前台尖兵创客。

2. 重新锚定工作职责

重新锚定自己的工作职责、工作任务与工作内容。因为定位与身份的变化，工作职责、工作任务、工作内容必然要随之改变。关于这方面具体内容将会在后面进行详细的讲解说明，请大家参看后面的内容。

3. 重新界定自己的客户

重新界定自己的客户，客户群将不再局限于现有自己服务的门店，而是区域内所有门店，以及一些特殊客户（比如，线下礼品、团购、特通客户，

线上社群团购客户）。客户群不再是单一的、集中的，而是多样的、分散的。界定客户后，对客户进行不同维度的分类与筛选。当然很多时候新零售平台会在线上帮你完成这个步骤，但是对于小店业务员来说，必须清晰界定自己的客户群体，并进行标签分类，这非常重要。

4. 重新规划工作时间

重新规划自己的工作时间，不再以传统8小时来设定自己的工作时间，要以客户的时间来规划自己的工作时间与工作内容。对线上、线下的时间分配及工作内容进行合理规划，具体时间分配将会在后面的小节中详细阐述。

5. 学习新的工作技能

学习新的工作技能、知识，保持学习实践、总结升华的持续学习的习惯。除了拓展现有销售技能之外，还必须加强对工作平台的系统学习，加强对网络营销文案撰写能力的提升，加强网络营销方案活动规划及销售技巧的学习，同时更要加强数据分析及针对门店的个性化方案设计能力。要使自己完成从执行者向经营者，从单一向多元，从线下向线上线下融合的学习与实践。

三、新零售时代平台小店业务员的工作内容与工作技巧

小店业务员要重新定义自己的工作内容，并开发新的工作技能。新零售平台小店业务员的工作内容是什么？新零售平台小店业务员与传统小店业务员的工作任务有哪些异同？新零售平台小店业务员工作步骤与技巧是什么？下面将从这三个方面为大家全面解析。

1. 新零售平台小店业务员的工作内容

新零售时代小店业务员的工作内容与工作流程，因为有互联网、B2B平台的系统工具与数字化的加持与帮助，将会呈现出新的工作模式——线上与线下结合的工作模式，这不是线下工作与线上工作简单的相加那么简单，而是把线上线下双方优势融合的全新的工作模式与工作内容，具体如下：

表4-2　传统模式与新零售模式下小店业务员的工作职责表

工作职责	传统时代		新零售时代	
	工作任务	具体描述	工作任务	具体描述
终端管理	固定化线路拜访	由人根据经验及过往销售数据定期规划调整	智能线路化拜访	由电脑根据大数据通过算法实时进行规划调整
	网点开发	单一的、单线的网点开发，靠人摸排，低维	网点开发	多点的，线上定位，线下摸排，人机结合，高维
	新品推广	以厂商意志为主，被动接受，凭经验与客情推广，一般采用以老带新、捆绑销售或资源投入等方式，炮弹资源相对单一	新品推广	以生意及市场需求为主，有主动权，资源更多，手段更丰富，同时有大数据支持，更精准、更高效
	客情维护	重点客户客情维护，多以线下与客户互动为主，线下沟通为辅，客户群体比较单一	社群维护	利用平台大数据，客户更多样、更聚焦；以线上沟通为主，线下服务为辅；信息传达更透明、更迅捷；社群营销推广宣传，手段更多、更丰富
终端服务	拜访服务	门店拜访八步骤，以建议订单为目标的拜访服务（以现场达成订单为目标）	拜访服务	以动手和售后为主的拜访服务，以解决问题及发现生意机会为主的拜访服务（以服务及找到生意机会为目标），赋能小店提供金融服务
	标准落地	厂家陈列标准、分销标准、促销政策等落地执行	平台任务推荐	完成平台上发布的推荐任务（如陈列有奖等）
	信息收集	竞品信息收集、统计分析	订单促进	通过社群及拜访服务线上进行个性化订单或群体订单建议推送，帮助客户进行订单建议与指导
资源落地	特陈落地	特陈任务落地执行	资源整合	资源解码整合，利用数据化工具定点推介投放资源
	特陈费用执行检核	货架费用、堆头费用、其他陈列费用执行落地与跟进核实	资源检核	通过线下拜访作业进行资源投入检查，通过照片上传利用线上平台进行资源核销
	促销活动执行	定时定点执行促销活动	促销活动及陈列任务发布与执行	促销活动及陈列任务的线上发布与线下落地执行

表4-3　新零售平台小店业务员工作职责表

工作目标	用自我真诚的承诺、专业贴心的服务，利用平台的力量为终端赋能，不断为终端与消费者制造惊喜与感动，致力于打造智能化终端与场景化消费	
任职条件	学历/专业	大专及以上/市场营销
	年龄要求	20-30岁，网龄至少三年以上
	必备知识	专业知识：市场营销/内容营销/场景化营销
		行业知识：产品知识、系统知识、平台操作、组织制度、法律法则
		计算机要求：办公软件熟练、移动网络精通
	工作经验	五年以上小店工作经验，有坚持运动经历（如长跑）优先
	能力素质要求	能力项目：动手服务能力、场景化营销能力、分析与解决问题能力、线上运营与推广能力
		能力标准：围绕终端进行生动化与个性化动手作业能力、围绕终端与社群进行场景化营销的能力、分析与解决线下/线上问题的能力、互联网线上平台及群运营与推广能力
	岗位基本特质	乐观自信，诚信勤奋，协作共享，善于表达
	岗位晋升	可直接晋升岗位：平台小V
		可转换岗位：城市平台小二
工作关系	内部关系	所受监督：由平台进行选拔、培训、考核、指导、带教
		所施监督：对物流、订单、仓储、售后、资源投入进行监督检核
		合作关系：与B2B平台区域负责地推人员（平台区域小二）、B2B平台上的供货商、B2B平台物流送货商是合作关系
	外部关系	为终端赋能，为消费者提供优质产品服务及个性化需求满足
沟通关系	内部 → 平台商　物流商　金融商 　　　 → 供应商　品牌商　内容商 外部 → 终端门店 　　　 → 消费者	

责任范围	汇报责任	自己对自己负责，直接对平台与品牌商汇报
	督导责任	督导终端门店完成平台任务，督导供应商、物流商及时送货及退换货服务
	培育责任	培育终端门店线上下单及运营习惯，培育品牌商线上选品及促销的精准性
	成本责任	对时间成本与品牌商平台商投入的资源费销比负责
	保密责任	对平台上运营的一切产品交易信息保密
	售后服务责任	负责平台上销售涉及产品、物流、资源投入等内容的售后服务责任
	内容推广责任	负责平台上产品的内容营销与推广责任
	线上运营责任	负责平台上各产品的线上运营责任
权力范围	建议推荐权	平台上产品的推广和订单建议推荐权力
	资源整合权	平台上各品牌商资源整合权力
	检核监督权	平台上发布各项任务的检核监督权力

2. 新零售平台小店业务员与传统业务员日工作对比

表4-4　新零售平台小店业务员与传统业务员工作任务对比表

时间	新零售平台小店业务员	传统小店业务员
0:00-8:00	小店自主下单，开始秒杀	晨会，拜访第一家门店
8:00	查看小店活动清单	
9:00	制订精准拜访计划	
10:00		
11:00		
12:00		
13:00		拜访门店，销售卖进
14:00	日间正常线路拜访	
15:00		
16:00		
17:00		

时间	新零售平台小店业务员	传统小店业务员
18:00		夕会，交账
19:00	夜间突破点式拜访	
20:00		
21:00	促销海报，建议订单透传	
22:00	线上建品报价+营销活动设置+营销活动直播透传+数据复盘+最后冲刺轰炸	装车，准备线路卡
23:00	活跃店推送清单+IM沟通	

通过传统小店业务员与新零售平台业务人员的工作任务与作业模式对比，我们可以看到，新零售小店业务员具备以下优势：

（1）时间由8小时变为24小时，由原来的到店作业模式，变为到店+远程指导模式，真正地实现了打破时间与空间的限制。

（2）进销存系统由原来的企业内部的垂直封闭的系统，变为开放的社会化共享的网状平台，由原来的一对一模式，变化为既可以一对一，也可以一对多模式。

（3）服务的门店数由原来的每月线下拜访150家变为现在的线上+线下拜访服务的400家。

（4）由原来给终端提供好商品与好服务，变为现在的提供好商品+好服务+好推广（好教育），真正实现对终端好商品、好服务、好推广的三位一体一站式服务。

（5）新零售平台业务人员手中有更多的资源可以支配，同时也可以利用平台的数据分析进行精准营销与精准投入。

新零售平台的小店业务员无论从哪个角度都比传统业务人员效率更高，因为他们有更多的时间、更优的服务、更快的物流、更多的资源、更好的推广，最重要的是他们还有数字化、在线化、可视化的工作界面与工具。

3. 新零售平台小店业务员工作拜访的"天龙八部"

新零售平台的小店业务员的每日工作内容与工作步骤发生了很大的变化，通过对阿里零售通、京东掌柜宝等B2B平台表现卓越的业务人员进行调研，我们总结出新零售B2B平台业务人员每日工作八步骤，并起名为"天龙八部"。

（1）第一步，准备与规划

在新零售平台工作的业务人员准备阶段至关重要，前期的准备直接决定着工作成果的80%。准备与规划会分为两个维度，一个是线上的准备与规划，一个是线下的准备与规划。

线上的准备与规划

平台上商品品类与品项的梳理与整合。平台上销售的商品有很多，在开始工作前对商品进行一次梳理至关重要，因为每个商品会有不同的客户群，对应不同的零售终端。而且通过商品的梳理才能知道自己今天的销售机会在哪里，销售的重点在哪里。将同一类型或相关类型的商品进行整合，以便更好、更快、更精准地推送给相关客户。

平台上商品活动政策的梳理与整合。将各个品牌商给出的商品活动政策进行梳理与整合，将爆款商品或活动力度大的商品政策挑选出来，作为突破门店时的引爆点与突破口，同时将其他商品的活动政策进行分类组合，组合成不同门店不同的促销活动政策。与此同时，可以结合平台发布的不同商品激励政策与考核政策，并根据自己对终端的熟悉情况，进行针对性的商品组合与推广透传海报制作。

平台上商家资源投入的梳理与整合。每一天不同的商家都会在平台上发布不同的任务和投入不同的资源，将这些任务和资源再与前面整理的商品活动政策进行组合，就会非常容易实现门店的突破与销售。同时将这些组合有针对性地制作成透传推广海报。

机会点挖掘与推送文案海报编辑。将前面所准备梳理的内容进行机会点的挖掘，并形成推送透传文案与海报。要针对不同的门店设定相同的推送文案（吸引眼球、惊爆点、引流），还要针对不同的门店需求设计不同的推送文案（量身订制）。

推送文案及海报的时间节点与门店规划。规划出在不同的时间点不同的门店推送透传不同的海报文案内容。要在正确的时间，选择正确地点与方法，推送正确的文案与宣传。

线下的准备与规划

产品知识，活动政策方案的准备；样品、物料、工具的准备；拜访线路的规划与准备。

针对新零售平台的业务人员，准备环节非常重要，而且你会发现在准备环节需要有非常好的资源整合能力，同时也需要有很好的文案编辑能力，不再是像传统小店业务员一样按照企业规划好的产品、政策、标准、路线执行就好了，不仅需要有拼刺刀的勇猛，更需要运筹帷幄的智慧，文武相济方能成功。你会发现传统小店原来最优秀的表现，在新零售时代只是一个起点，是最基本的要求，对小店业务员来说必须学会用新武器来武装自己，否则还是会被淘汰出局。但是一旦登上了这个台阶，你会发现一个属于你的完全不同的世界。

准备规划的时间一般是在0：00至8：00，这个时间段是准备规划的最好时间，而且最好在这个时间段，其他的时间段平台上的数据还不能完全具现出来，必须等平台的各种数据实时反馈与沉淀之后再做决策，急不得也慢不得。

（2）第二步，建群透传

根据不同需求的终端，建立不同的微信群或钉钉群，发布既有相同又有差异的海报、内容链接、内容软文等内容进行透传。建群和透传也是需要技巧的。

建群

群的作用。服务是建群的最根本原因，建群是维系终端关系、增加终端黏性的必要手段；建群后可以与终端进行良好的沟通、向终端进行产品推广、宣传、教育、销售等内容。

群的分类。一个好的业务员一定拥有多个信息群，主要的群还是针对服务的终端，根据小店的属性、交易习惯，建立不同的群，具体如下：

表4-5　小店业务员建群规划表

群类型	群的作用	重要程度	群的数量	建群原则
平台工作群	任务领取，交流沟通，培训学习	四颗星	1个	无原则，按平台要求建群即可
厂家咨询群	培训学习，活动政策咨询	三颗星	1个	把所有重点产品的厂家建一个统一群
终端服务群	透传宣传，推广销售，服务营销	五颗星	多个	按照终端门店销售产品类型建群 按照终端门店的平台属性标签建群 按照终端门店的需求建群

透传

透传是指将平台、企业或自制的关于产品、营销、服务的内容透明公开地通过网络平台工具传送给指定客户的方式。

透传的作用。透传是公开透明的，无暗箱无遗漏，透传更精准也更快捷，相比于线下针对每个门店终端的推广宣传，它的速度更快，覆盖面更广，频率与频次更高，可以实现无差别、精准化并且是大范围规模式的纵深"攻击"。

透传的分类。海报透传、产品透传、服务透传、活动政策透传、激励透传。

透传的时间。透传的时间一般会有三个节点，即早上、中午、晚上。预热，早上以活动推广、宣传教育为主；造势，中午以海报宣传、产品促销、问题解答为主；冲刺，晚上以产品促销、建议订单、售后服务为主。

透传的内容。透传的内容包括以下几个维度：产品相关的内容，产品卖点、促销政策、推广政策等；公关相关的内容，品类教育、公关危机软文、互动游戏等；促进订单的内容，产品活动组合政策、资源投入、平台及品牌任务、建议订单清单、下单网络地址或窗口链接、售后服务保障等；资源相关的内容，任务激励、资源投入政策等。

透传的形式。常规方式，文字、表格、图片、视频；其他方式，图文海报、主题软文、视频直播、会议等。

建群与透传一定要结合起来，建群是为了透传，而通过透传建立群的黏性，并实现销售、推广、教育、公关、服务等营销的目的，两者缺一不可。而建群与透传不断相互的作用，其实就是线上社群营销的一个核心场景，所以建群透传就是社群营销与场景营销的结合。

建群就是选择战场，透传就是根据不同的战场，选择不同的产品，配置不同武器与资源，谋定不同的推广与销售策略，群内的互动沟通就是在战场上拼杀，拼杀的敌人并不是客户，而是自己的专业度与服务，而决定胜利的是对战场的精心分类，以及针对战场内透传内容的质量与推送的时机选择。

（3）第三步，终端线路拜访

门店拜访的线路是由业务人员根据自己日常的拜访周期与线路设计的，同时结合平台后台的数据拜访门店。

终端拜访的时间

与传统的小店业务员时间段不同的是，新零售平台的小店业务员的拜访时间是10：00—21：00，拜访的时间会晚一些、长一些。

门店拜访线路

固定线路拜访（非常态）。与传统小店业务员的线路一样是固定的，线路的设计原则与传统小店业务员没有不同，但是新零售的小店业务员有了平台的加持，可以清晰地对每个拜访小店进行记录，并根据小店的销售记录标记不同的标签，让小店业务员在拜访前就可以一目了然地知道小店的销售记录及消费属性，比如上一次进货时间、数量，偏爱休闲、粮油还是饮料，这样销售时就可以更加有针对性。小店业务员也可以结合当天的平台任务与品牌商的优惠情况，有针对性地对不同的门店采取不同的策略。

任务线路拜访（常态）。很多情况下，平台小店业务员不是按照固定线路进行拜访，而是根据每天的平台任务，根据区域内门店的属性及销售需求，通过平台的计算与推荐，进行每日的线路拜访。比如今天平台任务是休闲类产品或某一指定品牌产品，那么平台会根据此类或此一产品过往业务区域内门店销售情况推荐，而平台业务员根据平台推荐，结合自己对区域内小店的熟悉情况，规划当日的线路，并按此线路拜访。

店内拜访步骤

与传统小店业务员店内拜访步骤相比，没有太大不同，包括：打招呼、整理货架、盘点库存、做陈列、核任务、订单推荐、做记录、告别八个步骤。少了打价上货与张贴广宣品两个步骤，多了核任务与做记录两个步骤。步骤虽然变化不大，但是每个步骤的工作任务却发生了根本变化。

打招呼。打招呼原来是为了让门店认识自己、认知产品和品牌商，现在则主要是认知自己与平台，强调对平台的认知，安装App，使用App，持续使用App。在介绍自己的同时，更要介绍自己所属的平台。

整理货架。以前整理货架，只整理自己服务的某一个或某一类产品，现在要整理自己平台销售的全部产品，特别是当日销售的重点机会产品。

盘点库存。盘点库存不再局限于某一个企业的产品，而是平台上销售的所有产品，重点盘点门店进货频次最高，最有机会进货的品类与产品。

做陈列。不再是局限于争夺陈列，抢占阵地，而是真正站在生意的角度，帮助终端做陈列的设计与规划，而且也不再局限于某一个产品或某一品类，而是针对门店生意的全品类布局与优化。

核任务。这是一个新增加的步骤，因终端会领取平台的任务，从而获得相应的奖励，任务的执行情况除了平台的上传照片外还需要线下核准检查，而这个工作就是由平台的业务人员来完成。

订单推荐。即与终端店主根据透传内容进行产品推荐、政策宣讲等。在此环节如果能达成订单最好，如果不能也没有关系，但是针对门店的需求挖掘一定要做到位。要详细向终端介绍平台产品活动与政策，以及平台与品牌商发布的任务，向其阐述利益点及时间段。同时一定要将相关内容的透传资料及地址链接给到终端。

做记录。这是非常重要的步骤，因为新零售形态下终端的下单不再是传统形态下的即时订单，"一锤子"买卖（这次不下单就要等一周），在新零售形态下终端的订单是可以延时的，是在持续动态的状况下达成的。所以掌握终端的需求非常重要，所以在门店拜访的过程中，要有针对性地记录下终端的经营状态与需求，一般会包括三个方面内容：第一是与产品相关内容：分销、库存、日期、陈列等；第二是与服务相关：物流响应、退换货、系统操作、金融服务等；第三是与品牌商相关：平台任务、活动反馈等。这些记录是非常必要的，不仅为下一步的工作做好铺垫，随着不断的积累，这些将会成为生意的指南。

告别。与终端告别时，要提醒终端关注群上的透传信息，同时要告知后续在晚上进行的集中营销透传的时间节点。

（4）第四步，线上据点"轰炸"

完成一天的线下门店拜访后，要在固定时间与固定社群进行密集的线上产品推广"轰炸"。这一步非常重要，因为这个过程是产品推广与产品卖进的关键步骤，订单很大程度上是在此步骤中完成的。它是线下拜访服务的线上延伸，代表线上线下融合的最典型场景，也是新零售时代小店业务员的最核心的技能。如何进行线上据点"轰炸"呢？

据点选择

线上的据点选择来自微信、微信群等。主要是取决于一对一，还是一对多。常用的是一对多的方式，即通过微信群进行"轰炸"。

事实证明，线上定点轰炸最有效的方法是一对一式的，而不是一对多式的。一般采取的手段是先一对多群内透传轰炸，然后对大客户或群内有意向的客户进行一对一定点突破。一定要知道，建群营销是把双刃剑，针对客户

的问题一定要及时解决与反馈，否则客户可能会利用群传播负面信息，起到相反的作用。

"轰炸"的内容

进行线上据点"轰炸"，选好了据点与对象，最重要的就是"轰炸"的内容，所以精心编制透传与"轰炸"的内容是一门很深的学问，也是线上营销最核心的技能。

内容包括以下几个方面：宣传教育的内容、促销活跃的内容（产品套餐、产品促销海报等）、任务发布的内容（陈列有奖、互动红包等）、建议与促成订单的内容等。表现形式多种多样，有文字、图文、视频、动画、直播、语音等。具体如下：

表4-6　线上据点"轰炸"内容

内容类别	内容细节	内容形式	"轰炸"时间	"轰炸"频次
宣传教育类	产品、品牌宣传，公关危机处理，企业价值观输出等	图文、视频、直播	随机	每天一次
促销活跃类	产品促销，套餐政策，新品推广优惠等	图文、语音、直播	早、中、晚	每日至少3次以上
任务发布类	线上陈列任务发布，奖励任务发布等	图文、语音、直播	早、中、晚	每日3次以上
建议及促成订单类	一切促成订单达成的信息与内容，包括并不限于以上所有内容	图文、语音、表格	随时随地	每日至少5次以上

（5）第五步，筛选门店，建议订单

根据白天的门店走访，群内的反馈，同时结合平台的后台数据，筛选出机会门店，根据预判销量的大小进行一对一的群沟通或电话沟通，进行建议订单与任务的发布。如果说前面的所有动作是种地施肥，现在就是到了收获的时候。前面的工作做得越精细，现在的收获就会越大。在建议订单这个环节上，新零售的小店业务员与传统的小店业务员有很大不同，在平台时代建议订单无时无刻不在进行，只要有网络就可以进行，但是集中进行建议订单的就在这个环节。

这个环节是有很多技巧的，而且对于平台的小店业务员来说，在这个环节可以使用的武器比传统小店业务员要更多、更先进、更尖端。因为一切交易是在线上完成的，所以一切业务环节都实现了在线化，通过在线化就可以让平台业务员对门店的交易信息了若指掌，同时平台还可以帮助业务员将区域内所有的产品销售情况进行数据透视分析，并呈现给业务员。比如平台的业务人员可以看到目标门店的进货频率、数量、价格等信息。同时平台还会把全网的关于某一产品的价格展示出来，让小店业务员在沟通谈判的过程中清晰地知道自己的优势与劣势。平台对业务员的赋能可以说是武装到了牙齿，在建议订单环节的赋能主要如下：

门店画像赋能。将辖区内所有门店的销售情况、订单情况、进货习惯、进货周期等展示给小店业务员，不仅展示全部门店的情况，同时还会把每个小店的销售情况进行多维度的同比、环比、类比等，基本上可以做到让小店业务员比小店老板更了解自己的门店。

产品全景赋能。可以看到所销售产品在区域范围内的价格、销售情况，精准定位某一产品在哪种类型门店，甚至在哪个门店卖得更好，掌握每家门店的TOP产品情况、价格、库存等，而且不需要人的计算，直接以结果的方式呈现给小店业务员。同时，将产品在区域内的销售趋势、销售场景、销售数据展现给小店业务员，还会进行排名，让小店业务员判断出销售机会。

服务全方位赋能。对门店的服务依托平台强大的数据能力，全面提升，从传统的只是针对某一单品的销售服务，变为帮助门店进行生意运营服务，比如可以帮小店进行产品分析、趋势分析和利润分析。

以上三个方面的赋能让平台的小店业务员在建议订单的过程中占尽优势，而现在很多平台小店业务员对平台的功能挖掘不够。要想很好地完成销售任务，必须充分挖掘平台的功能，在终端沟通过程中占据主动地位。

建议订单主要流程如下：

业务员通过门店画像找到适销的门店，并且根据线下走访的情况，因

"店"制宜地推送透传信息，针对性地为小店提供订单建议。在此过程中既要考虑小店的需求也要考虑平台任务，要把小店、自己、厂商的利益进行分配，门店第一，自己第二，厂商第三。三者达成统一权衡再下订单就简单多了。一般建议准备上、中、下三个建议订单，最先的透传建议订单是门店一定会接受的。其次建议的是在其接受的基础上加码一些，让小店挑战一下即可完成的，当然一定是要有利益交换的。最后综合小店的销售经营情况，再准备一个让小店大量进货、优惠更多的方案。环环相扣，环环递进。比如先根据小店的缺货情况，先给其下补货的建议订单，然后根据其销售情况，下安全库存的建议订单，再根据年节或资源投入或厂商套餐让门店下压货的订单。

通过产品全景图找到销售的机会。一般平台会提供产品在销售区域内的销量情况，可以精准到店，同时还会提供产品在该区域内销售的最低价格与最高价格。利用这个价格差，业务员可以做很多文章。因为业务员可以根据平台上同类产品的价格差，引导门店进行下单，帮助小店获得真正实惠，既可以达成订单，又可以完成自己的任务。因为平台的小店业务员可选择的产品太多了，所以机会当然更多，难度相对来说也小了一些。但是真正卓越的业务员是帮助小店找到适销对路、赚钱的产品。所以要利用平台的工具，针对区域内每家门店做详细的产品分析，帮助小店找出这些产品，并说服门店进货。同时还要结合厂商与平台的任务既卖好卖的，又卖新品、赚钱的。对平台小店业务员来说，最幸福的是可推广的产品太多了，完全可以根据自己对区域内门店销售情况、市场状况以及对产品的熟悉情况，做多项选择，选择那些终端既可接受，又能赚钱的产品。产品的全景图恰恰可以帮助平台小店业务员做到这一点。

通过为小店提供经营服务与终端小店沟通。做到这一点就需要平台的小店业务员用心了，必须要根据平台的数据赋能，同时根据自己每日的走访，真正做到对小店的生意了若指掌，在建议订单时不是只盯着让小店进货，而是通过对小店的生意回顾、数据分析，切实为小店店主提供中肯的建议，包括陈列建议、选品建议、经营建议、订单建议。这是最高境界的沟通，如果能够做到这一点，就可以成为行业内最顶尖的存在了，甚至可以自己做小店老板了。

在建议订单方面，对于平台业务员来说可以有两个思路：第一个思路是通过门店找产品，即立足于门店需求，帮助其找合适的产品，进行订单建议；第二个思路是通过产品找门店，即通过要卖的产品去找有需求的有机会的门店，而这两者都离不开平台强大的数据赋能。

在建议订单的过程中，不能只关注让门店进货，还要顺带帮其解决问题。这样才能让门店认为你不是在赚它的钱，而是真正帮它做生意，帮它赚钱。一个是赚它的钱，一个是帮它赚钱。两者区别一个天上，一个地下。

（6）第六步，售后服务

平台小店业务员的售后服务，在现阶段与相关传统小店业务员的售后服务，在实效方面是有差距的。比如，现阶段平台的小店业务员是无法为终端提供退换货的，虽然会有部分的退货补贴。同时对于小店提出的关于产品的具体问题，解答基本上不够专业，而且也很难解决具体问题。传统小店业务员则不然，因为专注于一款产品，而且是企业的直接代理，所以解答产品的问题会详尽专业，并且更直接。但实际上现在小店对产品的问题越来越少，因为能销售的产品都是经过层层把关的，基于产品本身的问题，除了退换货外不是太多。所以这个劣势，问题并不大。

通过调查发现，平台小店业务员平时处理最多的售后服务主要是以下几点：

操作问题。比如如何使用App下单？如何取得并使用平台红包？所以帮助并教会小店老板熟练使用平台App，非常重要，这需要平台小店业务员的日常带教。

资源投入及套餐价格问题。比如平台进货的价格及优惠问题，比线下及其他平台优惠程度，这些是需要每天整理与回馈的问题。解决的办法很简单，就是如实回答。

物流问题。一般不是送货时间，而是送货出现短缺，或者是产品出现破损的问题。短缺的进行补货，破损残次品给予补贴，现在的平台很少退换货。

其他问题。门店自己突发的一些问题，这些问题会比较发散及个性化。

（7）第七步，盘点分析促成复购

在每日休息前盘点最后一轮的平台门店进货信息，一般包括：门店进货盘点、产品销售盘点、平台任务盘点。

门店进货盘点。盘点门店整体订单情况，分析与盘点应进货的和进货数量不够的，此类一般可以进行最后一轮透传沟通，提醒进货。还要对进货过多的门店进行分析盘点，做好后续的准备工作。此类门店近期就不再进行相应产品推广，并做好帮助其促销的准备。

产品销售盘点。盘点产品的销售情况，特别是任务产品、高提成产品、畅销产品的销售情况。分析产品销售的情况，并结合一天的销售过程进行总结并寻找机会，为下一次销售做好准备。

平台任务盘点。盘点平台任务达成，同时对机会门店接受任务情况进行分析，针对机会门店做好下一轮沟通建议的准备。

（8）第八步，培训学习

培训内容根据平台每日发布的内容有所不同，一般包括：平台产品促销活动的培训、平台大促的培训、平台日常管理培训、平台任务培训、平台操作培训等。

培训内容很多，有必修有选修，平台业务员可以根据自己的需求进行学习。而且学习培训可以是碎片式的，也可以是整块的，根据自己的规划达成即可。

新时代小店业务员的"天龙八部"，是对传统业务员作业的继承与发展。而且这八个步骤必然会随着时间的推移及技术的成熟发生变化，任何一种技能都需要与时俱进。

● 本章重点

新零售产生的四个原因。

新零售的前台、中台、后台。

新零售对小店业务员的影响与前景。

新零售时代B2B平台小店业务员与传统业务员的异同。

新零售B2B平台小店业务员工作技巧。

◎ 本章思考

新零售时代小店业务员该何去何从？

新零售时代小店业务员该如何转型？

新零售时代小店业务员提升的重点是什么？

第五章

小店业务员的成长地图

导　读

罗马不是一天建成的，每个人的成长也是如此，作为小店业务员想从"菜鸟"快速成长为行业的佼佼者（绝对不是"老鸟"），必须经过不断学习、积累、蜕变、成长。路必须要一步步地走，没有什么捷径。任何想走捷径的想法都是阻碍你成为卓越者的绊脚石，因为想成为卓越者，有些路是你必须要走的。但是我们可以为避免走弯路、走错路而节省时间。

相信很多营销老总或经销商老板对如何培养小店业务员都有以下困惑：

小店业务员要学习什么？

小店业务员要如何学习？

如何建立小店业务员的培训体系？

如何让小店业务员的学习与实战真正结合起来，让培训产生绩效，学习产生生产力？

如何让小店业务员可以在战中学、学中战，并且与日常工作联系与结合起来，既不影响工作又无时无刻不在成长？

如何将小店业务员的优秀经验快速萃取出来并在体制内复制推广，提高效率？

如何在企业内形成小店业务员的学习氛围与学习机制？打造学习型团队？

以上内容就是这一章的内容。

本章分为三个小节：

第一节，如何培养小店业务员？本节会告诉你系统培养小店业务员的三个法宝，即一张学习地图、一个IDP计划表、一个实战作业拉练体系。

第二节，小店业务员的学习地图与IDP。本节会讲述小店业务员的学习地图及IDP计划的具体内容及落地执行的方法。

第三节，小店业务员的拉练实战。本节会告诉你如何将学习地图与IDP发展规划结合起来，从课堂上走到战场上，在血与火的战斗中成长。讲述小店业务员的拉练实战培养的手段与方法，以及拉练作业的具体执行标准与落地方案。

特别说明：

这一章是专门写给企业的管理人员与培训人员的，因为在这一章，将会清晰地告诉大家培养小店业务员的成长地图，以及小店业务员的培训体系，让理论与实践高度结合，真正形成学中战、战中学完整的闭环提升机制。既包含个人学习、团队学习以及标杆学习的全部内容，同时将三者有机组合起来，真正打造一套小店业务员培训宝典。

第五章　小店业务员的成长地图

第一节
如何培养小店业务员

第二节
小店业务员的能力模型
小店业务员的学习地图
小店业务员的个人能力发展计划
小店业务员的学习地图及IDP

第三节
拉练的目的
拉练人员
拉练的方式与内容
拉练流程
拉练群追踪宣传
拉练纪律
小店业务员的拉练实战

第一节　如何培养小店业务员 ▶▶

在培养小店业务员这个问题上，营销"菜鸟"和营销老总有着相同的疑虑。"菜鸟"们刚入行，不知道要学什么，以及怎么学。老总们希望公司内部有一套完整的培训体系，新人经过培训能快速成熟起来，一个是自我学习与培养，一个是团队学习与培养。

到底要如何学、怎样学才可以少走弯路？仅下苦功是没有用的。必须要有计划、有步骤、有系统，不加选择地看书、听课，只会浪费时间和金钱。

小店业务员的成长必须是循序渐进、与时俱进的，成长从来都是动态的过程。小店业务员的培养，既要针对个人，又要考虑到群体。因此小店业务员的成长路径是一个循环递进的过程，个体与团队成长相辅相成。光靠简单的培训课程甚至一个培训项目不够，必须要建立一个生态立体的培训体系与培训机制。

如何建立针对小店业务员的培训体系与培训机制呢？为此我曾摸索了五年的时间，终于通过实践验证出了一条小店业务员的培养成长路径图，以及小店业务员培养的机制与培训体系，即一份学习地图（学）、一套成长体系（练）、一个实战拉练机制（战）。

小店业务员的学习地图，是基于其任职资格能力模型及其不同阶段，根据成人学习的70-20-10原则围绕着小店业务员的心态、知识、技能设计规划的学习图谱。具体包括：小店业务员的胜任能力模型、基于能力模型符合70-20-10原则所匹配的课程目录、带教任务以及自我实践任务的图谱。学习地图让小店业务员知道自己该学习什么以及如何学习。而学习的方式是培训到家，即培训人员依据学习地图的内容走下去到市场一线，依据学习地图内容分时分段给小店业务员进行授课。

小店业务员的成长体系，是基于能力模型，通过对个人及团队的能力盘点，找出个人及团队的薄弱能力，再根据其能力对现阶段目标的重要性顺序，优先培育其三个关键能力的发展计划。通过不断强化练习，提升个人能力。成长体系让小店业务员知道依据什么判断自己该先学习什么，学习的步骤是什么，以及如何在组织体系内有保障、有目标地共同学习与成长。练习的方式是依据个人发展计划，通过个人发展规划根据目标指定带教人，阶段式地培养与锻练自己、成长自己。

小店的实战拉练机制，是让小店业务员的理论学习、技能训练与实际的工作产生链接，在战中学，学中练，在实战中不断提升工作技能，让培训与学习提升绩效、提升效率，在不断精进过程中更新自己的能力。并且通过拉练让实战直接产生绩效，即做到知行合一，又可以融会贯通。除了技能融会贯通，还有业务员、带教人员、区域作战人员之间相互融合，互相成长。

通过以上三个法宝，真正做到个人学习与团队学习相辅相成，个人成长与团队进步相宜相长，同时让个人技能的提升与工作绩效与效率的提高紧密相连，既看到个人能力的成长，又能马上看到业绩与效率的产出。真正做到让学习就是生产力，并且让你即时看到生产力的产出成果。

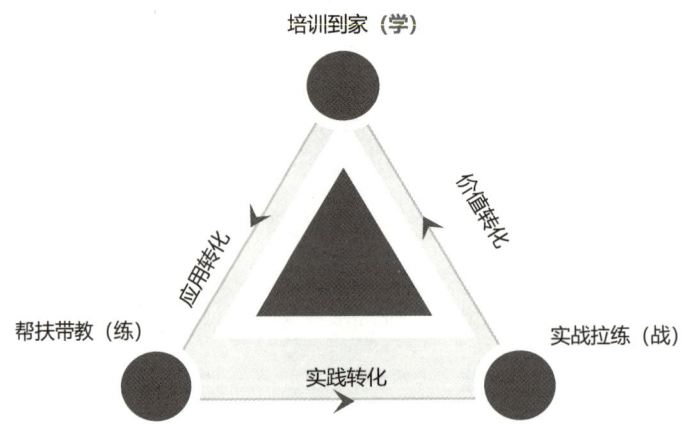

图5-1　生产力的产出

第二节　小店业务员的学习地图及IDP

一、小店业务员的能力模型

小店业务员的岗位职责，在前文有详细描述。一个人的能力培养一般分为两种，一种是领导能力，一种是专业技能。对于小店业务员来说，主要培养的是专业能力。一名优秀的小店业务员应具备以下能力：终端管理能力、终端服务能力、资源落地执行能力。

学习小店业务员必须具备与掌握的知识、态度、技能的课程地图，具体如下：

表5-1 小店业务员知识、技能学习规划表

能力	关键行为	行为描述	态度	知识	技能	课程
终端管理	固定化线路拜访	根据区域范围门店情况，通过筛排、筛选等手段，进行周期性拜访门店线路规划，并定期优化与更新		终端管理七要素 门店知识 基础营销知识	线路编排	《终端管理七要素》《线路编排与设计》
	网点开发与网点活跃	最大化地开发区域内的终端销售网点并提升网点的单点卖力，实现最大化的产品销售		门店分类 产品知识	网点突破	《网点突破》
	新品推广	提升新品的销售网点数，建立与扩大新品的陈地，宣传活跃新品，提升新品的自动回转率		产品知识 产品套餐 产品话术	新品推广	《产品知识与促销话术手册》《公关应对话术处理》《企业文化与组织架构》
	客情维护	通过动手服务与良好的沟通，得客户信任，持续与终端保持良好客情关系，成为客户某一领域内唯一合作伙伴	富有激情，快速行动，坚韧勤备	企业知识 基本素养知识 终端门店管理基本知识	客户开发与客情维护	《企业各项规章制度》
终端服务	拜访服务及销售卖进	根据线路规划，按照门店拜访八步骤，对终端门店进行拜访服务，同时向终端进行产品的销售卖进与服务		车销作业八要素 预售作业六要素	终端门店拜访八步骤 门店谈判与建议订单	《如何做好小店业务》《如何进行建议订单》《小店的销售标准》（分销陈列标准）《促销活动与套餐政策》《企业绩效考核》
	标准落地	根据厂家的要求，执行落实分销标准、陈列标准、作业标准、促销活动、价格指引等各项销售标准及市场指标		作业标准 分销标准 陈列标准 促销标准 促销政策与活动指引 产品价格指引	车销服务作业技巧 预售服务作业技巧	

续表

能力	关键行为	行为描述	态度	知识	技能	课程
终端服务	信息收集	进行自我产品及及竞品的信息收集、整理，汇总反馈，并及时判断做出应对措施		基本电脑办公软件	Excel，Word	《Office办公软件操作》
资源落地执行	特陈落地	无条件执行落地特陈资源，最大化争取终端货架与特陈陈列	富有激情，快速行动，坚韧勤备	陈列标准与陈列资源政策		
	特陈费用执行检核	真实准确核实特陈费用，帮助终端及经销商从厂商定时定点拿到特陈资源投入费用		陈列费用及使用标准	营销作业工具使用核销工具使用	《营销作业工具操作》《营销费用报销检核须知》
	促销活动执行	选择最合适的门店，定时定点按标准开展促销活动，保证促销活动的落地与执行		促销活动政策及执行标准		《月度资源政策手册》

针对小店业务员的培训绝不是仅仅参照上述学习地图开发课程、安排培训这么简单，必须依照一定学习路径将培训、带教与实践结合起来。

二、小店业务员的学习地图

小店业务员学习地图是建立在小店业务员的任职资格与能力模型之上的，围绕着小店业务员的能力模型，根据培训的70–20–10原则而量身设计的。小店业务员的学习地图不是纸上谈兵，是经过了上万名小店业务员的实践与验证的。设计与打造小店业务员的学习地图，我用了整整五年的时间。

小店业务员的学习地图包括一个中心、两个维度、三个方面。一个中心是指以小店业务员的任职资格与能力模型为中心；两个维度是指小店业务员服务的对象，即经销商、厂商；三个方面有两层意思，一层是指学习内容包括知识、技能、态度三个方面，另一层是指学习方式分为培训、带教、自我实践三个方面，即70–20–10原则。

经过几年的摸索，我整理出简化版学习地图，如下所示：

表5-2 小店业务员学习地图

能力	学习课程（企业）	学习课程（专业）	带教措施	个人实践	个人实践举例
终端管理	《企业文化与企业管理制度》《产品知识与促销话术手册》《公关应对话术处理》	《业务线路设计与管理》《终端管理管理七要素》	指定一个经销商、指导、帮助、监督小店业务员完成线路设计与线路管理	自行对线路进行编排设计	设计××经销商××业务日、周、月线路图与线路卡
终端服务	《作业工具系统操作》《企业产品销售标准与促销活动目录》《绩效考核KPI指标》《活动策略产品套餐》	《如何做好小店业务》《如何做好服务型车销》《二批操作作业指引》《网点突破》	指定一个落后区域，指导及帮助小店业务员进行4+2模式拉练作业	找出一个落后区域，进行门店扩网开发，陌生拜访；找出竞品重点门店进行定期改关突破	进行扩网，指定问题门店改关及竞品门店突破
资源管理	《企业内部系统报销系统操作》《企业资源验收标准与报销制度》《企业廉洁文化制度》	《作战地图与资源台账》	指定一家门店，指导及帮助小店业务员梳理门店台账，定期检核评估促销资源使用情况	建立资源台账，进行投入产出分析，每月进行申报核检核评估	经销商网点特陈上墙；建立经销商资源台账；月度资源评估盘点总结方案

提升小店业务员的能力一定是学+带+践三位一体，不能割裂。其中最重要的是小店业务员的主管，其对业务人员的培养绝不能急功近利，要严格按照上述学习地图展开，让业务人员在学中练、练中学，对小店业务员进行传帮带，以帮助其切实有效地快速成长。

上述学习地图是简化版的，在具体实施中要根据企业实际情况量身定制，但是设计的逻辑与方法是相同的。

三、小店业务员的个人能力发展计划

有了学习地图，就要把学习地图落到实处。一个人不是一下子就能全面成长的，必须要因地制宜、因时制宜、因人制宜。针对小店业务员的培养一定是要循序渐进的，并且是成体系的，不能是一时兴起，也不应该是碎片化的，必须是一套行之有效的培训体系，而这套体系就是IDP，即个人能力发展计划。个人能力发展计划必须是培训人员、小店业务员本人、小店业务员的主管三方密切配合，缺一不可。培训人员是策划者、组织者、跟踪与检核者，小店业务员本人是执行者，小店业务员的主管是带教者、主导者、验收者。接下来我们系统地介绍一下业务人员个人能力发展计划。

1. 什么是IDP

IDP的英文是Individual Development Plan，中文就是个人能力发展计划，是指一个人基于自己的本职岗位及未来发展的能力盘点与能力规划。一般会包括能力测评、能力盘点、能力规划、能力提升、能力评估五个阶段，环环相扣循环往复。

IDP就是要让小店业务员知道自己应该干什么、干好需要提升哪些能力、哪些先提升、哪些后提升、如何提升及是否提升了，这样一整套的学习过程与学习工具。

2. IDP落地执行五步法

小店业务员IDP的落地执行分为以下步骤：员工自我测评、主管面谈点评、共同确定发展规划、执行发展规划、评估成果。

（1）员工自我测评与自我规划

员工对照能力发展指标进行自我能力盘点与自评，并对自我能力提升的重要性与紧急性进行排序，同时参照学习地图写出自己的发展规划。具体表格如下：

表5-3　个人能力发展计划表

公司	经销商	
员工姓名	年度	
岗位所需能力	当前是否合格	能力水平评定依据
终端管理	否	网点扩网及网点开发能力不足，新品推广能力欠缺
终端服务	否	终端拜访作业标准还有待提升，动手能力需强化，阵地建设偏少，基础不牢
资源落地	是	资源可以落地，但是精准性还有等提升
岗位能力发展优先目标	辅导者	行动计划	完成时间
首要终端管理		学习《网点突破》，每周六由带教者进行网点开发的带教工作，月度独立开发新产线网点20家	每个月
第二终端服务		接受《如何做好小店业务》培训，并通过考试，带教者每周两天跟进作业，示范并指导作业，监督并考核小店业务员终端作业的标准动作	每个月
第三资源落地		梳理所属门店资源投入情况，建立资源台账，带教者检查投入落地执行情况	每个月

（2）主管面谈点评

主管根据员工的自评，根据自己对员工的了解及现有工作目标，对员工的能力依照能力模型及员工自评进行面谈点评，以提升能力为开始与过程，以业绩成果作为考核与目标。

表5-4　个人发展计划面谈表

员工姓名		公司		部门	
入集团时间		年龄		学历	
编制职位名称		梯队岗位名称		直线上级	
曾任岗位情况					
近三年年终排名					
潜能评估优势指标			潜能评估短板指标		

（3）共同确定员工个人发展规划

双方基于当前的工作目标、工作重要性、员工现有能力及发展规划达成共识，确定提升能力的优先级并共同制订学习与发展规划，并由主管指定带教人。

（4）执行发展规划

主管盘点所有小店业务员需要提升的能力，对共同欠缺的能力安排专项培训项目，重点关注与跟进。非共性的则由带教人个别安排培训与指导。但是在此期间，培训、带教、实践的过程必不可少。

（5）评估成果

每个月由带教人对员工的能力提升情况进行评估，同时请员工自行讲述提升的成果，组织激励员工进行个人能力发展的竞赛与评选。每年度调整员工个人能力发展规划，不断提升员工个人能力，逐步打造一支销售铁军。

3.执行IDP的注意事项

（1）上下同欲，坚持不懈

员工、主管、培训者必须要达成一致，认识到个人能力发展的重要性与必要性，员工认真自评，主管认真带教与监督，培训者认真协助。同时对于制订的发展规划要认真执行，不得半途而废。发展规划不是一成不变的，是可以随时进行调整的，但是不可以停下来，一定要坚持下去。

（2）简单实用，不断创新

制订的发展规划必须要简单可执行，不要大而全，要简而实。当发现规划不切实际或规划的内容需要变化的时候，可以随时调整，同时鼓励学员不断创新。

（3）传帮带要落到实处

带教人的工作要落到实处，每个月要固定对业务人员的带教与面谈。每月回顾能力提升的情况及规划任务的完成情况。传帮带的人员要设立奖项与竞赛，激发带教人的积极性。同时带教人必须是某一领域的专家，并且是充满正能量的员工，宁缺毋滥。

第三节 小店业务员的拉练实战 ▶▶

小店业务员是要时常进行拉练作业的，不仅要单兵作战能力突出，还必须学会团队作战，打运动战与攻坚战。而且小店业务员的能力是在战斗中才能成长起来的。所以对品牌商与经销商来说，一定要组织一线业务员的拉练作战。要通过拉练把课堂与战场上的内容连接起来，同时在实战中检验、优化、迭代课堂上的内容。让拉练成为一种学习常态，形成学中战、战中学的培养体系。让小店业务员在血与火的考验中成长，拉练作战不是一场运动，而是一个机制、一个体系。

作为企业要如何开展对业务人员的实战拉练呢？这一节我们将主要讲述一下拉练实战的方法与技巧。

一、拉练的目的

倡导务实服务，深入一线作战，感受炮火，并切实解决市场与管理问题。

帮扶带教业务员，提升一线人员的作战能力，打造业务团队。

促进团队融合，打通团队的壁垒，形成多兵种作战的建制与模式。

落地夯实营销策略、作业标准，实现对业务员的现场指导与管理。

拉升销量，帮扶整改绩差市场，实现绩差市场的突破。

二、拉练人员

一线业务员。

品牌商的营销团队（渠道管理+品牌推广）。

经销商老板。

三、拉练的方式与内容

1.4+2拉练

4天的全产线业务正常路线作业拉练。

2天的专项拉练，专人、专车、专注、专门做新产线（一至两条产线），集中所有资源、人员对区域市场进行产品分销、网点的突破，加快专项拉练产线的库存消化，提升经销商、业务、终端对专项拉练产线的销售信心，同时在此过程中找到适合新产线的销售模式，并快速复制推广。

2. 主题拉练

针对某一产线或产品的专项拉练，如花生油专项拉练、大米专项拉练、挂面专项拉练等。

针对某一通路的专项拉练，如商超拉练、小店拉练等。

3. "战区"制拉练

采取"战区"制的方式拉练，每个分公司"战区"要大于1个，但不建议超过3个，具体由分公司根据营业所数量及"战区"司令的能力而定。每个"战区"必须保证有品牌、渠道、营业所、经销商的人员存在，保证每个"战区"的作战兵种齐全与完备，支持及服务人员适当地分配到每个"战区"当中。

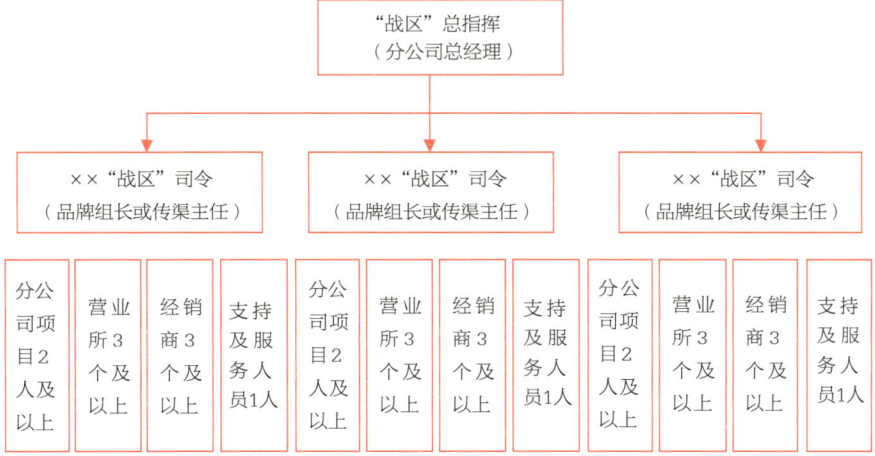

图5-2 公司"战区"拉练组织架构图

四、拉练流程

1. 拉练前

围绕拉练市场分析人员、产品、渠道、资源、竞品等方面，制定拉练的政策与方案。

2. 拉练中

深入一线与经销商业务共同作业，进行市场实战拉练帮扶。

3. 拉练后

拉练总结、后续行动计划与跟进。

表5-5　公司拉练流程规划表

拉练准备及规划	完成任务	工具
第1天	1. 作战地图及线路规划的课程学习	课件包
	2. 产品地图及产品套餐政策制定	《产品地图及产品套餐》
	3. 门店地图及线路图制定	《业务人员线路表》
	4. 装车标准及装车（仅限车销拉练区域）	《装车标准》
	5. 资源台账建立（资源投入有效性分析）	
拉练实战作业	**完成任务**	**工具**
第2—5天	1. 按照全网作业标准开展拉练实战作业	
	2. 销量数据统计与排名	
	3. 按照全网作业标准给业务人员带教示范并打分	《个人测评表》《团队测评表》
拉练总结答辩	**完成任务**	**工具**
第6天	1. 产品地图及产品套餐政策回顾、检讨	拉练总结PPT报告模板（营业所长）
	2. 门店地图及线路图的规划及确认	
	3. 资源投入有效性分析及解决方案	
	4. 市场及作业问题剖析及整改方案	
	5. 奖励颁布	

五、拉练群追踪宣传

1. 按照"战区"建立三级拉练群

第1级，分公司的所有"战区"人员内部群，人员为：分公司的各"战区"人员，不包括经销商。

第2级，各"战区"的"战区"群，人员为：分"战区"各"战区"的内部人员，不包括经销商。

第3级，各营业所的内部群，人员为：营业所所长、县主任、经销商、业务员。

2. 追踪内容

日追踪：经销商业务员业绩排名，促销员/宣销队业绩排名，阵地指标完成情况，经销商业务、拉练人员出勤照片，业务员装车与出车照片。

周追踪：出勤周报，促销员/宣销队业绩周报。

月追踪：销售月报排名，出勤周报，促销员/宣销队业绩周报排名，资源投入产出分析，阵地指标完成月报排名。

3. 宣传内容

标准装车内容；作业标准优秀照片；实时拉练情况；优秀业务及促销员排名表彰；考勤出车内容；优秀阵地建设照片；优秀案例分享；等等。

六、拉练纪律

帮扶拉练过程中要注意安全。

帮扶拉练过程中不得接受宴请。

帮扶拉练过程中绝对不允许饮酒。

帮扶拉练不能流于形式，一定要有目的性，帮扶解决业务及市场上的痛点问题。

帮扶拉练过程中要动手实干，以身作则。

对每个市场的拉练一定要有结果、有总结、有跟踪、有反馈，并且与经销商进行当面沟通。

帮扶拉练是将学、练、战有机结合的最好方式，可以让每一个参与活动的小店业务员从知道到用到，从用到到做到，从做到到悟道，从悟道到得道，锻炼自己，互相成长。一切都是顺其自然、环环相扣的。

● 本章重点

小店业务员的学习地图。

小店业务员IDP规划流程及落地执行措施。

小店业务员拉练实战落地方法。

◉ 本章思考

小店业务员的学习地图课程开发与内化。

小店业务员的带教人激励与考核。

拉练实战如何发挥团队作战的优势。

第六章

小店业务员日常作业及管理工具

导 读

如何管理到小店业务员的每一天、每一周、每一个月、每一年？我们不可能再安排一个人天天盯着小店业务员，必须要有有效的管理工具，既可以提高小店业务员工作的效率，又能激发小店业务的工作热情。管理上经常说，人控不如技控。因此这一个章，将主要讲述针对小店业务员的作业、提升及管理工具。

本章分为以下三节：

第一节，管理到业务员的每一天，将会为大家介绍小店业务的每日、每周、每月的作业与管理工具。

第二节，管理到业务员的每一个客户，将会为大家介绍小店业务员服务客户的效率提升及资源投入、检核工具。

第三节，管理到业务员的每一个动作，将会为大家介绍小店跟线作业的动手标准检核工具与表格。

说明：

本章针对受众为小店业务员、终端销售主管、办事处主管、经销商老板。

本章内容的表格管理工具，只是基本的管理样板，每个使用者可以在自己的基础上，根据实际情况修改后应用。在阅读本章的过程中，最重要的是请大家关注每个工具的管理逻辑及管理要点，至于表格的样式仅供大家参考，同时要强调的是管理的工具要尽量简单，特别是要求小店业务员提交的表格，务必至简至实。小店业务员的主要工作是销售与服务终端，不是收集表格，这一点非常重要。

我强烈建议为小店业务员匹配移动的作业软件工具，因为有了这个工具，小店业务员的一切工作都可以实现可视化、在线化、数字化。利用科技的力量，实现降本增效。

工具是死的，人是活的。上有政策，下有对策，这章中的所有工具表格，不是最重要的，最重要的是用，而且坚持用，否则无论表格多美、工具多牛，都是梦幻泡影。

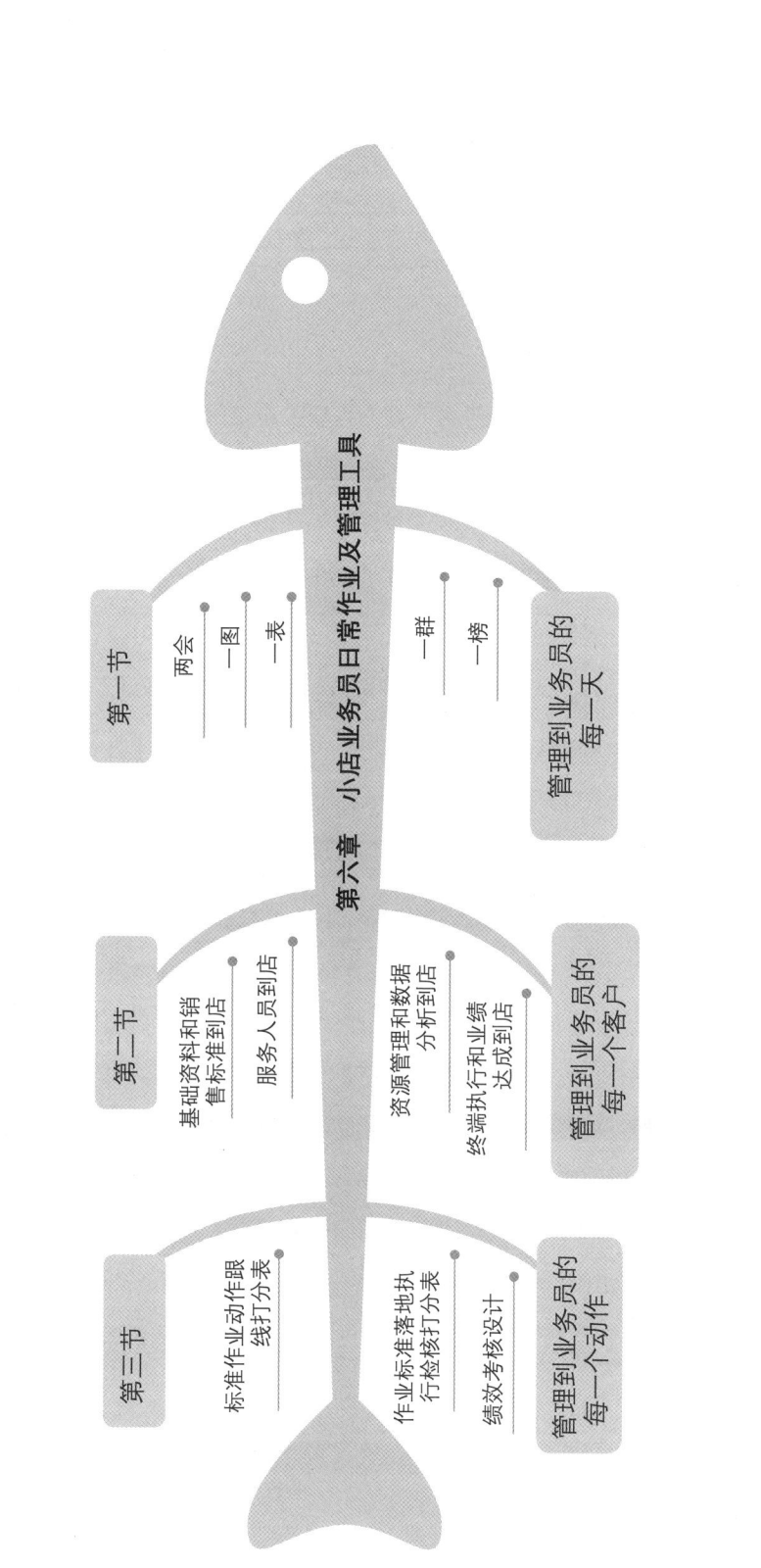

第六章　小店业务员日常作业及管理工具

第一节

两会
——一图
——一表

管理到业务员的
每一天

一群
——一榜

第二节

基础资料和销
售标准到店
——服务人员到店

资源管理和数据
分析到店
——终端执行和业绩
达成到店

管理到业务员的
每一个客户

第三节

标准作业动作跟
线打分表
——作业标准落地执
行检核打分表
——绩效考核设计

管理到业务员的
每一个动作

第一节　管理到业务员的每一天 ▶

作为管理者，对一线业务人员的管理工作是重中之重。因为企业的生意就源于一线业务人员每天的工作，一线业务人员必须在正确的时间，出现在正确的地点，做正确的事。但是管理者无法完全靠人去跟踪小店业务员的实际工作，所以必须使用工具，这样才能事半功倍。那么如何实现呢？很简单，两会、一图、一表、一群、一榜。

两会，晨会、夕会；一图，拜访线路图；一表，每日工作成果反馈表；一群，微信群；一榜，业务指标龙虎榜。

一、两会

1. 晨会

晨会太重要了，一定要开，因为这是对准目标、对准行动、对准语言的一种手段与方式。晨会是冲锋号，是加油站，要让每一个业务人员在出门之前带着目标，带着武器与子弹出门。千万不能偷懒，一定要开晨会，而且要天天开，不可间断。士气、文化、凝聚力、战斗力就是在一天天的会议与工作中产生的。如何开晨会？请看下面的内容。

（1）晨会时间

晨会时间一定要短，不要超过10分钟。早上是销售的黄金时间，不要长篇大论。

（2）晨会主角

晨会主角是主管或老板，业务人员旁听和复述。

（3）晨会内容

点名签到。迟到发红包，罚站。

主管讲述。当日工作目标、当日工作重点、当日套餐及活动政策。

员工复述。当日工作目标、当日工作重点、当日套餐及促销政策（抽查）。

口号出发。喊口号聚能量，出发开始新的一天工作。

表6-1　晨会流程表

晨会点名（依次）	（迟到发红包）
晨会内容	
一、主管讲话	
1.日工作目标	
2.日工作重点	
3.产品套餐	可以打印发给每个业务员
4.活动政策	可以打印发给每个业务员
二、员工复述（抽查昨天业绩最差的一名）	复述完整、正确，否则重新来直到正确为止
三、喊口号	固定口号，聚能量，除懒气
晨会用时：不得超过10分钟	

2. 夕会

夕会对经销商或管理人员来说也非常重要，是检验一天成果及考察业务人员能力及工作表现与工作状态的最佳机会。通过夕会可以看出哪个业务员在努力，哪个业务员在偷懒，哪个业务员能力强，哪个业务员能力差需要帮扶，哪个业务员要汰换掉。如何开夕会？要参照下面的流程：

（1）夕会时间

夕会时间一定要长，不得少于30分钟，因为夕会是快速了解市场情况、竞品情况及业务人员工作情况与工作能力的重要窗口。

（2）夕会主角

夕会要以一线业务员述职为主，主管总结为辅。

（3）夕会内容

员工述职。对当日销售成果及过程指标完成情况进行汇报，并与当日目标进行对比进度；当日市场上遇到的问题与挑战；当日竞品的情况及威胁；其他想表述的内容。

主管讲述。公布当日排名及完成情况；表扬优秀，并当场发奖励；表现不好的、没有超过盈亏平衡点业绩的业务员，要说明原因及后续方案；解答业务的问题；当日工作整体总结，明日工作详细安排……

喊口号下班。

表6-2　夕会流程表

夕会点名：
夕会内容
一、业务员述职（每个业务员都要讲）
1.报销量，报过程指标完成情况
2.讲遇到的问题与挑战
3.讲竞品的情况及威胁
4.其他想表述的内容
二、主管讲话
1.公布当日排名及完成情况
2.表扬优秀，并现场奖励
3.最后一名要说明原因，进行教育及带教
4.解答业务问题
5.当日总结，明天工作安排
夕会用时：不得少于30分钟

二、一图

关于这一点在前文有详细讲解，这里只列出相应的工具表格。

表6-3 业务线路拜访卡

公司：		经销商：		业务员姓名：		星期×线路		
拜访顺序	终端门店名称	地址	联系人	联系电话	特陈形式	特陈数量	拜访频次	作业时间（分钟）
1								
2								
3								
4								
5								
6								
7								
8								
……								

注："终端门店名称"必须是营业执照名称；"地址"详细到门牌号；"联系人"必须是身份证全名，绝不能简称；"联系电话"为手机号；"特陈形式"主要记录花钱的特陈及阵地特陈；"拜访频次"每周1次；"作业时间（分钟）"不得少于15分钟。必须是星期一至星期六的6天线路，每天一张表。城区小店业务每天不得多于20家，乡镇车销每天不得多于15家。

三、一表

表格设计要简单明晰，不能太过复杂，否则业务人员可能乱填。只收取关键信息即可。

表6-4　每日工作成果反馈表

业务员姓名	销售总额	重点产品金额	拜访客户数	拜访成交客户数	阵地建设个数	排名

四、一群

个人推荐用微信群。每天定期在群内收集及发放以下信息：

早上在规定时间发出图片，建议是8：00，不应迟于8：30；用发图片的方式进行考勤，要形成习惯。

在早上发送当日工作目标、工作重点、产品套餐及活动政策文件。

在结束作业前，要求每个业务员发送不少于3张终端作业及阵地建设动手前及动手后的图片。

在工作返程路上发送当日销售、作业成果及上面第三点的"一表"。

晚上回来车销人员发送装车的图片。

夕会发放当日排名第一员工的奖励的图片。

发放第二天工作目标、工作重点、产品套政策及活动政策的文件。

不定期地分享提升业务人员作业信心、知识、技能的学习文件及绩效考核文件。

五、一榜

业务指标龙虎榜每天根据业务人员的销售数据排名，注意商超人员和小店业务员不要在一个榜上进行排名，商超人员一个龙虎榜，小店业务员一个龙虎榜。每日晚上公布，夕会及时兑现奖励，奖优罚劣，在企业内形成良性的竞争氛围，提升业务人员的积极性、战斗力。

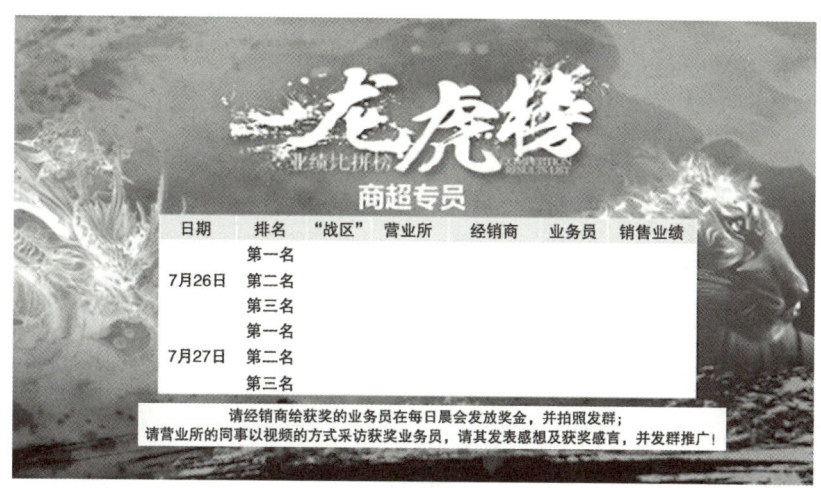

图6-1 业务指标龙虎榜

除了管好业务员的每一天之外，还要管理业务人员的每一周、每个月、每个季度、每一年。因为每天的报告将汇总统计到每周、每月、每季、每年，这样才能掌握业务人员的动态变化，并将每个业务员的数据进行对比和剖析，从而根据数据做出正确的市场判断与管理决策。所以还需要周报表与月报表，分别如下：

1. 周报表

（1）栏目内容

栏目内容包括：业务员姓名、出勤率、销售总额、重点产品金额、拜访成交率、阵地建设个数、排名。

（2）排名

销售金额权重40％，拜访成交率权重30％，阵地建设个数权重30％，也可以只排名某一个指标。

（3）阵地建设

可以明确名称，是哪一项阵地建设的内容，比如大米扩网、油割箱等，要清晰明确。

2. 月报表

（1）栏目内容

栏目内容包括：业务员姓名、出勤次数、销售总额、销售目标完成率、销售同比增长率、重点产品金额、重点产品同比增长率、拜访成交率、同比成交增长率、阵地建设个数、阵地建设指标完成率、排名。

（2）排名

可以根据权重进行排名，也可以根据某一个或某几个单项排名，也可以分别排名，根据管理需要调整。

（3）重点产品

可以细化到产品的SKU，但是每个月不建议过多，对小店业务员来说，一个月一个为宜，最多不能超过3个。

（4）阵地建设

可以明确名称，是哪一项阵地建设的内容，比如大米扩网、油割箱等，要清晰明确。

根据周报、月报反馈的数据聚焦管理方向，并调整相应策略、帮扶落后人员。要善于在小店业务员的报表中发现问题，这是每一个管理者要学的本事。同时要多下市场，结合你看到的和每日、每周、每月数据，不断做出反应，做到对市场了如指掌、应对自如。

第二节　管理到业务员的每一个客户 ▶▶

对于小店业务员来说，对终端要如数家珍，对每家门店的情况要做到"门儿清"，在销售情况上要做到比小店的老板还要熟悉门店的情况。但是好记性不如烂笔头，因此一定要给每个客户建立客户档案及资源台账。

如何实施管理到店的工作呢？我认为要从以下方面着手：基础资料和销售标准到店、服务人员到店、资源管理和数据分析到店、终端执行和业绩达成到店。

一、基础资料和销售标准到店

一定要建立门店档案，一是可以通过门店档案，掌握门店的信息及销售情况，二是避免被业务员绑架，有了门店档案，并且建立持续更新的机制，就不怕小店业务员离职，也不怕小店业务员带走客户。有了门店档案，可以让管理者及小店业务员本身对门店的情况做到了如指掌，让应对竞争的反应更快捷、更有针对性。

表6-5　门店基本信息表

门店基本信息						
门店名称		门店类型		门店等级		开业时间
门店面积		自有/租赁		租赁到期日		装修风格
门店地址	省　　市　　区			（具体到门牌号）		

门店基本信息							
送货抵达门店的行车路径							
门店老板姓名	性格特点	生日		喜好/忌讳	手机		是否说了算
门店老板娘姓名	性格特点	生日		喜好/忌讳	手机		是否说了算
与周边门店关系		费用投入		相关特陈数量		相关货架数量	

销售及竞品信息									
产品	我司					竞品			
	年度销售总额	月度销售额	月度同比增长	陈列占比	堆头占比	年度销售总额	月度销售额	月度同比增长	陈列占比	堆头占比
全产线									
××（重点产品）									
××（重点产品）									
××（重点产品）									
其他									

我司优劣势：

竞品优劣势：

机会点：

二、服务人员到店

　　一定要对小店业务人员的拜访动作进行监督，要求所有的小店业务人员必须签到。当然，随着科技的进步，拜访签到基本都被小店业务员的手机作业拜访工具所取代了，但是对于没有手机拜访作业工具软件的小店业务员，则必须填写小店业务员拜访服务卡。这不仅是管理需要，更是生意需要，这个表是我们服务客户的承诺，因此在这个表上不仅要有正常的签到内容和基础信息，还要有服务承诺，让客户监督我们的工作，不断赢得客户的信任。

表6-6　××拜访服务卡

供应商名称：			供应商地址：		
业务员：			联系电话：		
公司领导：			投诉电话：		
拜访周期：	每周一次		固定拜访时间：		周三
拜访时间	签名	检查人签名	拜访时间	签名	检查人签名
经营产品					

续表

服务承诺
拜访承诺：每周拜访一次。 退换货承诺：无条件退换货。 物流配送承诺：48小时必达。 其他承诺：以上如无法做到，则赠送××产品××箱。

三、资源管理和数据分析到店

建立到门店的资源台账，每个月或每个季度进行费销比的分析，精准资源投入，实现精准营销。下表中涉及月度的内容可以每个月累加，按月统计，按季度与年度分析。

表6-7　小店业务员门店资源台账

业务员	门店名称	门店类型	门店级别	门店地址	老板姓名	老板电话	上年度总销量	同比增长率	上年度投入费用	上年度投入产出比	月度总销量	月度同比增长率	重点产品月度销量	重点产品同比增长率	月度陈列费用	月度特陈费用	月度投入产出比

表6-8　品牌商/经销商资源统计费销比月度分析表

分公司	营业所	经销商	业务员	县级市 TOP100	TOP100标准门店代码	TOP100标准门店名称	辅助经销商门店代码县级市	辅助费用类型	1月											××月											累计（1月—12月）										
									当年					上年			同比（%）			当年					上年			同比（%）			当年					上年			同比（%）		
									是否投入全产线组合货架	是否投入费用无销量产出	月销量	陈列费	销费比	月销量	陈列费	销费比	月销量	陈列费	销费比	是否投入全产线组合货架	是否投入费用无销量产出	月销量	陈列费	销费比	月销量	陈列费	销费比	月销量	陈列费	销费比	是否连续三月投入费用无销量产出	月销量	陈列费	销费比	月销量	陈列费	销费比	月销量	陈列费	销费比
								CL/TOP 陈列费																																	
								CL/TOP 堆头费																																	
								CL/TOP 割箱费																																	
								CL/TOP 其他																																	

四、终端执行和业绩达成到店

每个月一定要对业务员的业绩达成与终端执行指标进行盘点考核，好的成果一定是好的过程达成的，要把过程和成果放在一起看，这样既有因又有果，因果相互进行印证来找问题与机会。

针对终端的执行指标一定要纳入追踪体系，同时也要纳入考核体系。对小店业务员的终端执行追踪主要集中在网点拓展与阵地建设上，一个是数量、一个是质量。拓展网点的数量并不全是开发新网点，还包括在现有网点入驻新的产品，要分目标分阶段进行。在这里要特别提醒，在小店的分销产品一定不能多，要精准分销，一般不超过5个SKU。而且在过程中不能急，要一个一个地把产品做进去，并且分阶段进行，这样可以降低小店业务员的难度，提升成功率。

对门店的管理一定要落实到每一家门店，要做到对每一家门店的销量、分销、陈列、资源、投入产出，了如指掌。只有这样才能保证每个策略、标准、指标落地执行。这并不是一项技术活，而是一项精细活。对于管理者来说，必须要做好这方面的管理，由浅到深，由简到精。只要你做到了管理到店的这七个方面，基本上生意就有了支撑与导航体系。

表6-9　月度成果+过程双指标维度表

公司	经销商	业务员	月销量目标	月销量达成	月达成率	月同比增长率	阵地合计		特殊指标												
									产品1		产品2		产品3		堡垒店		××专项扩网		专架/割箱	
							目标	达成率	目标	达成率	目标	达成率	目标	达成率	目标	达成率	目标	达成率	目标	达成率
合计																				

表6-10　月度过程指标维度表

公司	经销商	业务员	门店数	拜访率	门店频次达标率	门店终端表现得分	过程					货架陈列占比	特陈占比	乱价率
							分销达标率							
							产品1	产品2	产品3	产品4	产品5			
		整体												
		张三												
		李四												
		王二												

第三节　管理到业务员的每一个动作

我们不仅要管理到业务员的每一天、每一家店，还要管理到业务员的每一个动作，这样才能保证业务人员在正确的时间、正确的地点，干正确的事。如何保证业务员做的事是正确的，并且每天都是正确的？必须要有检查和跟进，正所谓"万事不追踪，一切皆成空"。对于小店业务员来说，有以下三件事是一定要做正确的，第一拜访作业的动作一定要正确，第二资源的投入一定要正确，第三落地执行的标准与指标一定要正确。

一、标准作业动作跟线打分表

如何纠正业务人员的拜访作业？必须让他们按照第三章的八步骤开展工作，因此跟线作业打分就可以帮助业务人员不断纠正错误的、巩固正确的作业动作，作业标准跟线打分表如下所示：

表6-11　小店业务员标准作业跟线打分表

被测评人姓名：		车销线路：		个人总得分：	
测评人：		车销金额：		门店作业用时：	
测评表（满分100分）					
一、工作态度评估：在拜访过程中表现积极，认真投入，服务到家（15分）					
评估维度	打分细则（每项1~5分，5分最高）				得分
主动积极	在作业过程中表现主动积极，配合及协作度高				
学习领悟	在作业过程中认真投入，运用所学知识，按照标准认真作业，融会贯通				
沟通协调	有效整合资源，善于表达，反应敏捷，应变灵活				
第一项合计得分					

被测评人姓名：	车销线路：		个人总得分：
二、工作知识评估：在拜访作业过程中展现出良好的职责素养，熟练运用公司产品话术、制度及政策（15分）			
评估维度	打分细则（每项1—5分，5分最高）		得分
产品知识	熟识公司产品知识，明确区域内重点产品话术，作业过程中灵活使用		
套餐政策/促销政策	熟识公司在该区域的套餐政策、促销政策、价格体系，并在作业过程中灵活运用		
职业素质与经验	在作业过程中展现出良好的职责素质与经验，帮助客户解决问题		
第二项合计得分			
三、作业标准评估：在拜访作业过程中，按照标准化进行作业（70分）			
行为指标	打分细则		得分
准备充分（1—5分）	打价器，抹布，笔记本/订单，手机，物料作业工具准备齐全。漏一项少1分		
打招呼（1—2分）	进终端门店有打招呼再进行作业，不打招呼不得分		
签到（1—3分）	进门店后打招呼前进行签到得满分，其他时间签到评委自行给分但不能给满分，如门店没有服务卡，补贴签到卡		
整理货架（1—10分）	货品擦灰，先进先出原则摆货，缩小竞品陈列面，查看竞品日期，查看价格签。以上5个动作，少1项扣2分		
盘点库存（1—10分）	查看货架库存、盘点仓库库存、查看竞品库存、记录库存信息以上4个动作，前3项少1项扣2分，少最后1项扣4分		
建议订单（1—10分）	利用库存信息、套餐组合、销售技巧建议订单，表现出色且有成交才可以得满分，未成交评委根据表现评分，但不能给满分		
打价上货（1—10分）	用打价器给我们的产品打价，货架补货，翻堆补货，检查价格签，使用爆炸贴，以上内容少1项扣2分		
做陈列张贴广宣（1—10分）	根据陈列原则及陈列标准进行陈列及堆头整理，贴海报或使用广宣品，以上内容少1项扣5分		
售后道别（1—10分）	在整个过程中有使用笔记本，询问老板遇到的问题并记录，现场解决或承诺老板解决问题，告知下次业务拜访时间，以上内容少1项扣2分		
第三项合计得分			
个人总得分			

二、作业标准落地执行检核打分表

根据小店业务员的工作职责、工作标准执行情况打分，具体如下：

表6-12　小店业务员作业标准地落地执行检核打分表

评分项目	权重	分值	评分范围	××业务员线路			评分细则	备注
				相比分差	本次得分	上次得分		
SKU数量	30%	30	全产线SKU				检查标的：CL类门店。对比传统渠道同期同类型全产线进货单品数。分值计算公式：实际检查SKU数÷同期SKU值×30分。	
经销商服务评价	40%	10	拜访频率				1.按固定周期来（考核业务是否按线路路标准作业）则得10分；2.经常来/一周一次则得8分；3.偶尔来/一个月来一次则得5分；4.没见过/很少来则得0分。	
		10	送货及时性				1.36小时内送到则得10分；2.及时/48小时内送到则得8分；3.一般/72小时内送到则得5分；4.不及时/超过一周则得0分；5.空白网点不做评分，选"—"。	
		10	服务综合评价				1.满意则得10分；2.一般则得5分；3.差则得0分；4.出现重要投诉（或言语过激）则得-10分；5.空白网点不做评分，选"—"。	
		10	生动化物料				1.有一种物料得5分，二种（含）以上得10分，物料形式不限（有公司LOGO都算）；2.竞品有物料，而我司没有，该店得0分；3.如果整店未见（或不许）物料使用，则不做评分，选"—"。	
资源检核	30%	30	执行率				1.实际执行与申请一致内容得30分；2.实际执行达申请内容80%以下则得15分；3.未执行则得0分；4.如果门店无费用投放，则不做评分，选"—"。	
合计	100%	100						最终得分

三、绩效考核设计

想要小店业务员发挥出最大的积极性，针对小店业务员的绩效考核要精心设计，考核在哪里产出就在哪里。针对小店业务员的绩效考核，没有最好，只有更好。下面把几种常见的绩效考核方式介绍给大家，供大家参考。按照时间的维度，可以将对小店业务员的激励分为：短期激励、长期激励和PK激励。

1. 短期激励

目标+过程双轨制，两手都要硬。在快消品企业中，很多中小企业的激励都只是目标制，即只看结果不问过程。但是要知道好的结果是因为有好的过程才实现的。所以在考核的过程中既要关注目标，又要关注过程，两者缺一不可。

（1）目标制激励设计

参考两个数据，第一是同期对比，第二是近期环节。比如：达成目标金额=去年同期×60%+近期（3个月或6个月）平均值40%。既考虑去年的同期也考虑今年的实际情况，比例权重可以调整，但是相加要等于100%。制订目标时，最恰当的原则是高于这个达成目标金额，上浮10%–20%，具体根据实际情况来，但是不能过高与过低，要让员工跳起来就可以够到。

（2）过程制激励设计

根据企业或经销商的重点工作来定，可以每个月或每个季度调换，而且一次性不能过多。可以分阶段、分批次进行过程指标的设定。比如第一个月考核扩网数量，第二个月考虑阵地数量，第三个月考核陈列占比等。

目标制激励与过程制激励的比例是各50%权重，员工的绩效考核工资=目标激励收入（50%）+过程激励收放（50%），旺季以目标制激励为主，淡季以过程制激励为主。

产品的单箱奖励设计，除了目标制与过程制激励外，还应该额外配置重点产品或推广型产品的单箱奖励，设计单箱奖励要注意以下三个问题：

第一奖励金额封项：不是为了限制业务员拿奖，而是避免过高或过低，存在心理落差。比如某月业务员正好碰到大客户拿了2000箱，每箱3元，则当月可得6000元，如果下月没有，就容易产生心理落差。

第二绑定当月达成：设计单箱奖励的同时必须捆绑当月收入达成。比如当月提成产品达成率100％，则单箱激励打8折，如果达成率超过150％，则单箱激励由3元变3.5元，或者单箱激励×1.2倍。这样是防止一线业务员过度关注重点产品，而忽视基础工作和基础指标。

第三做好利润分配：无论是企业还是经销商，提前规划单箱奖励的额度，比如从利润中拿出百分之多少，作为业务与中层管理者的奖励。先保证公司利润，再预留合理部分。

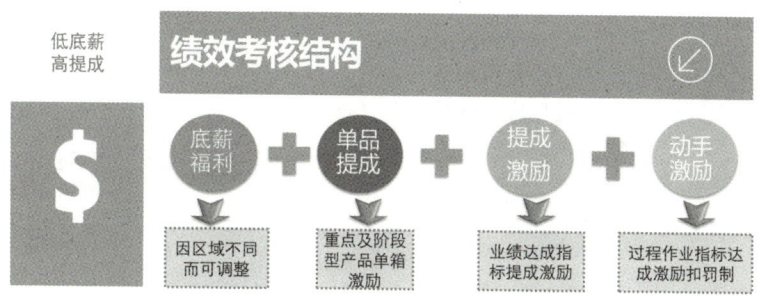

图6-2 小店业务员绩效考核结构

2. 长期激励

长期激励又称为"全年考评"，包括升职、加薪、配置年终奖。主要是为了给业务员提供升职加薪或年终奖分配提供数据依据。全年考评的项目对应的占比分值，可依据全年的工作重心设立，大体核心包括五个层面：整体销售收入、活跃网点数量、××新品销量目标、新开发网点数量、其他日常工作等。

以上五个层面的指标，主要围绕整体销量、核心客户、新品推广、新客户开发和日常工作进行，也相应地是针对一线业务员的销售岗位职责。

3. PK奖励

PK奖励，也是阶段性的特殊刺激奖励。比如针对年节粮油旺季来临，为了推动销售便会做PK赛奖励。

以一个时间段或节点进行PK竞赛，按目标达成率高低排名。为了保证PK达成预期的效果，需要注意以下三点：

（1）气氛烘托，把握PK质量

PK很多时候不是完全为了奖金，而是为了"一口气"，不能比你差。所以烘托气氛很重要，尤其是PK竞赛前的仪式感。

比如在开销售大会时，专门设置类似的"PK台"，安排两个小组销售排名第一的业务人员上台宣读口号，拉横幅，甚至带上拳击套等，让整个公司都空前关注这场PK赛。

在为期一个月的PK赛中，以周为单位将两方进度实时向外公布，以保证PK赛的热度。

（2）区域差异，达成率为标准

作为管理者，充分考虑两组之间的区域或线路的差异性，最好以目标达成为统一标准。另外，PK赛不宜频繁，或者用其他维度，个人与个人进行PK。以开发网点或协议客户达成率等其他方式也可进行PK。

（3）管理层要积极参与其中

PK虽然能够调动团队的积极性和气氛，激发业务员潜力，但也有坏处，比如被推上台的人可能会有被当"猴"耍的感觉。所以在PK赛中，管理者不能完全放手不管。

管理者要参与其中，关注和辅导参与者，让团队有归属感。管理者要明白PK赛的目的不是为了把某一个团队干掉，而是通过PK促使两个参赛队伍都能够超越自身。

这样，即使输的一方也很欣慰，不仅超越了自己，而且还完成了目标，这一次的PK也是惜败而已。管理者要不断关注他们，辅导他们，让他们超越自己。

● 本章重点

管理到业务人员的每一天、每一个客户、每一个动作。不是要把业务员管死，恰恰相反，是通过管理的手段来激活业务员，让业务员每一天都带着目标，在正确的时间，出现在正确的地点，做正确的事，并拿到与其劳动相匹配的薪酬。

管理到业务员的每一天，两会、一图、一表、一群、一榜。

管理到业务员的每一个客户，基础资料和销售标准到店、服务人员到店、资源管理和数据分析到店、终端执行和业绩达成到店。

管理到业务员的每一个动作，作业标准及执行检核打分表。

业务员的绩效考核设计。

● 本章思考

如何让两会开得更高效？

如何让微信群成为激活业务员的武器？

如何设计业务员的绩效考核方案？

附　录

装车图

| | | | 物料 | 第一家预计下货产品 | | | AE豆 | AE豆 | AE豆 | AE豆 | 米 |
| 面 | 面 | | | | | | | | | | |

备注：以粮油产品为例，油3个高、米面7个高。

装车图内容：
- 驾驶室
- 侧门
- 后门
- 调味、面、面、手推车、小油、小面、非转豆、非转豆、非转豆、AE豆、AE豆、AE豆、AE豆、米
- 工具包、米、米、小油、小米、非转豆、非转豆、非转豆、非转豆、非转豆、非转豆、非转调、非转调
- 司机、米、米、玉米、花生、葵花、香满园、香满园、纯香菜、日化、日化、转调、转调
- AE豆、AE豆、玉米、花生、葵花、香满园、香满园、香满园、纯香菜、纯香菜、色拉、色拉

装车标准表

项目		产品名称	装车数量	备注
常规产品	基础性产品（50%）			建议根据区域消费习惯及竞品销售情况选择2+1个品种
	推广性产品（20%）			
	竞争性产品（30%）			

项目		产品名称	装车数量	备注
新产品	产线1			根据经销商产线承接情况选择性装车，重点承接的产线必须按标准装车（约20—40箱）
	产线2			
	产线3			
	产线4			
	产线5			
物料工具				
宣传物料	助陈物	小货架或梯形架（小包装油）		
		小垫板（大米）		
		芝麻油挂架（6瓶装）		
	广宣品	海报		
		堆头纸		
		客户服务卡		
		爆炸贴		
		美工笔、美工刀、胶带		物料使用配套工具
	周末促销	太阳伞		
	活动物料	帐篷		仅限周末场外促销装车
		瓶型折页		
车销作业工具	维护价格工具	打价器		
	服务工具	抹布		
		手套		
		笔记本		
		手机		
		小推车		
		支撑杆		

网点摸排表 1

原有							资料核对是否有误	更新后							是否新增
终端店名称	联系人	电话	地址	平方米	油货架	门店类型	是 否	终端店名称	联系人	电话	地址	平方米	油货架	门店类型	是 否

网点摸排表2

时间: 月 日　营业所:

经销商:　业务员:

星期	终端编码	终端名称	终端类型	地址	老板	电话	面积	油区货架	油特陈总数	是否合作	自我产品特陈					
											小货架	油1组	油2组	米	挂面	其他	合计
一	1																
二	2																
三	3																
四	4																
五	5																
六	6																
七	7																

××分公司××营业所××经销商××周线路拜访卡

拜访顺序	终端门店名称	地址	联系人	联系电话	特陈形式	特陈数量	拜访频次	作业时间（分钟）
1							1次/周	
2							1次/周	
3							1次/周	
4							1次/周	
5							1次/周	
6							1次/周	
7							1次/周	
8							1次/周	
9							1次/周	
10							1次/周	
11							1次/周	
12							1次/周	

分公司：　　营业所：　　经销商：　　业务员：　　星期－线路

××业务××月线路拜访卡

周一	周二	周三	周四	周五	周六	周日
	3月1日 银桥、湾桥（22）	3月2日 洱源（16）	3月3日 邓川、右所（23）	3月4日 江尾（21）	3月5日 牛街、三营（21）	3月6日 休息
3月7日 喜洲（17）	3月8日 银桥、湾桥（22）	3月9日 洱源（16）	3月10日 邓川、右所（23）	3月11日 江尾（21）	3月12日 牛街、三营（21）	3月13日 休息
3月14日 喜洲（17）	3月15日 银桥、湾桥（22）	3月16日 洱源（16）	3月17日 邓川、右所（23）	3月18日 江尾（21）	3月19日 牛街、三营（21）	3月20日 休息
3月21日 喜洲（17）	3月22日 银桥、湾桥（22）	3月23日 洱源（16）	3月24日 邓川、右所（23）	3月25日 江尾（21）	3月26日 牛街、三营（21）	3月27日 休息
3月28日 喜洲（17）	3月29日 银桥、湾桥（22）	3月30日 洱源（16）	3月31日 邓川、右所（23）			

注：括号内数字为当日拜访门店的数量。

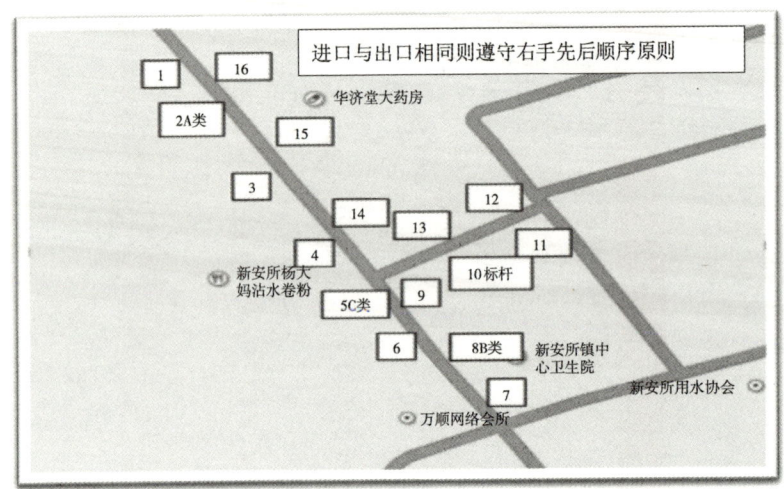

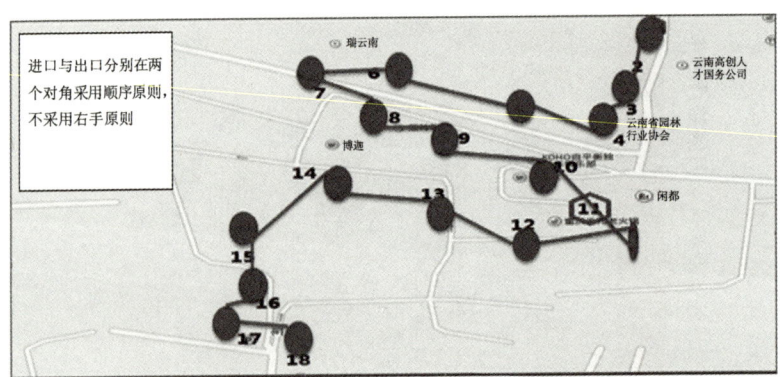

进出口定序法

后　记

　　这本书的出版前后耗时三年时间，概因我缺少经验，对这本书的期望也比较高，很多内容要字斟句酌。写书的过程是痛苦的，更是快乐的。在写作过程中有太多的人要感谢，没有这些人的支持，本书无法与各位读者见面。所以在书的最后，必须献上我的感谢。

　　感谢我的引路人及老师，营销专家魏涛先生、魏秉章先生，培训老师谭宇红女士。他们是我的营销与培训的启蒙者，没有他们就没有本书及我现在的事业。

　　感谢益海嘉里食品营销有限公司的各位领导、同事及经销商，郭孔丰先生、陈波先生、赵红梅女士，给我提供了事业的舞台，使我积累了丰富的实战经验。

　　感谢阿里巴巴零售通李超先生，在他的帮助之下，我对新零售小店业务员的工作模式有了深入了解。

　　感谢所有营销同行的指导，你们提供的真知灼见让我获益良多。

　　感谢与我深度交流过的近千名小店业务员。因为职业的关系，很多人称我为"老师"，我内心知道，其实教学过程不仅是传授知识的过程，更是自己学习的过程，即所谓的教学相长。当老师最大的好处是可以不断学习，接触不同领域的营销专家，在培训过程中有机会采众家之所长。

　　感谢之后，最后一点时间，我想留给学习，和大家聊聊我对学习的一些思考与感悟。

很多人会说："学习呀！学习不是一件很普通很常见的事吗？我每天都在学习呀。"学习的确是我们身边最常见，最普通的一件事。但是我们常常却忽略了它，就好像我们对水的看法一样。老子说："上善若水。"孔子说："夫水者，启子比德焉。遍予而无私，似德；所及者生，似仁；其流卑下，句倨皆循其理，似义；浅者流行，深者不测，似智；其赴百仞之谷不疑，似勇；绵弱而微达，似察；受恶不让，似包；蒙不清以入，鲜洁以出，似善化；至量必平，似正；盈不求概，似度；其万折必东，似意。是以君子见大水必观焉尔也。"

在我看来，水与学习一样重要，一个滋养我们的身体，一个滋养我们的心灵。我们的每一天都离不开水，同样离不开学习。

学习是与生俱来的，一个人呱呱坠地后，就学会了吃奶，学会哭，学会笑，然后学习走路，学习说话，进入幼儿园……0—7岁之间的学习，我称之为孩提之学。

接下来上小学，初中，高中。在这个时期，由懵懂无知学着认识世界，感知世界。7—16岁之间的学习，我称之为少年之学。

然后是青春期，从高中进入大学校园，学习社会知识与社会技能，开始认识社会、进入社会。16—22岁之间的学习，我称之为青年之学。

步入社会，进入职场打拼，结婚生子，养家立业。在这个阶段，我们为了梦想而奋斗。22—60岁之间的学习，我称之为壮年之学。

60岁以后到生命的终止，有的人继续奋斗，有人退隐江湖，享受含饴弄孙之乐。这个阶段的学习我称之为老年之学。

无论你在哪个阶段，也无论你在哪个年纪，学习无时无刻伴随着你。你在哪个阶段学习得好，在哪个阶段就活得精彩，并且让下一阶段也顺利一些。在哪个阶段学得差一些，那么这个阶段就灰暗一些，接下来的每个阶段就都要辛苦一些，甚至是灰暗一辈子。这就是我们所说的学习改变命运！

人的命运从来由我不由天，只是很多人忽略了也浪费了学习这个唯一可以改天换命的神器。

我特别赞同一句话："人要么忙着生，要么忙着死。"而生死之间就是人生。人类的生命长度是有限的，终会死去，但是人生的宽度是无限的，归根结底只与学习相关。因为无论你想去哪里，想得到什么，都必须通过学习才能实现。

人生的学习分为五个阶段、两个维度、三个层次。

两个维度分别是未成年人的学习、成年人的学习。未成年人学习对应的是孩提之学、少年之学。成年人学习对应的是青年之学、壮年之学、老年之学。

无论哪个维度、哪个阶段的学习，都分为三个层次：向生而学、向善而学、向觉而学。

向生而学就是为了生存而学，为了生活而学。我们应该学习能让自己生存下来的知识、技能、真理等，进而能够有质量地生活。但是懒惰毁了很多人，有些人明知学习能让生活变得更好，但是望而却步，实在可惜至极。

向善而学。善有两个意思，一个是对自己是善的，另一个是对他人、世界是善的。我们要学习利于个人与社会进步的，正能量、积极向上的内容。我们要带着美好的愿景学习，为自己、为全人类学习。

向觉而学。觉是指觉悟、觉醒，就是向能发现、定义、塑造自己的事物学习。简而言之，就是让自己活明白，找到并做到真正的自己。自我觉悟、自我求证，最终实现自我证得。成为最好的自己，实现人生终极的自我证明。

学习的三个层次既相辅相成又相互独立，我不认为哪个境界更好，好坏不是评价三个层次的标准。因为好坏是一个外在标准，并不是个体内在标准，学习是属于自己一个人的，所以只要自己快乐开心就好了。但是学习本身是要讲究实效的，学习是有方法、技巧的，而学习的效率，直接关系个人学习成果，学习成果关系每个人的人生，每个人的人生左右着世界，这也就是学习改变命运、学习改变世界的缘由。因此我倡导有效率地学习。什么是有效率地学习？就是学习能够产生生产力，不能叶公好龙，不能只学而不做，或做而不学，学习必须与实践结合起来，即知行合一，但知行合一是方法论，而我想说的是要通过知行合一，来达到创造与成就的目的。简单一句话总结就是：学习要有生产力，学习就是生产力。

学习就是生产力，其实有两个意思，第一是学习要创造生产力，第二个要向能产生生产力的方向与内容去学习。一个是结果，一个是目的与手段，两者是相辅相成、相互作用的。只有产生生产力的学习才能帮助我们每个人，帮助我们这个世界高效地不断成长与进步。

虽然每一种学习都应该被尊重，但只有产生生产力的学习才是最应该被提倡的。

所以如果你问我："你为什么而活？"我会告诉你："我为学习而活。"学习是与生俱来的能力，是上天赐予人类的神器，学习是一切的开始，也是一切的结束。无论你是谁，无论你在哪儿，无论你要到哪去，学习就是这一切的答案。

用学习的思维经营人生，就会少些浮躁多些踏实，少些烦恼多些快乐，少些繁杂多些简单，世间一切事有如拨云见日。我在四十不惑的某一天终于明白了这个道理，于是给自己设定了人生信条——向学而生。同时我也立志：余生好好学习，天天向上。

我不仅要自己好好学习，还要让别人也意识到学习的重要性，帮助别人好好学习，天天向上。此为初心，永不退转！

我欢迎所有爱学习和有志于学的朋友和我成为朋友，让我们共同学习进步，教学相长。因此我建立了学习就是生产力学院、经销商赋能云学堂，在喜马拉雅开通了风火小课堂。我非常欢迎您的关注，并期待您的不吝赐教。

孙飚

2020年3月27日于深圳